ラテン中世の精神風景

［著者略歴］
横山 憲子（よこやま　のりこ）
1940年、中国黒龍江省生まれ。
現在、中国語通訳（法廷通訳ほか司法全般）。
通訳案内士（中国語）。
残留邦人の自立支援相談員（自治体）。
愛知県豊田市在住。

挿し絵◉光田 圭満（こうだ　けいま）
「あとりえシトロエン」主房。
1947年、豊田市生まれ。洋画家・中嶋音次郎（光風会）から油絵を習う。ジュエリーデザイン／加工工房を開店後、著者と出会い、『矢作新報』紙上の体験記に挿絵を描く。

女たちの大陸逃亡記

2015年7月25日　第1刷発行　　（定価はカバーに表示してあります）
2020年6月1日　第2刷発行

著　者　　横山　憲子

発行者　　山口　　章

発行所　名古屋市中区上前津 2-9-14　久野ビル
振替 00880-5-5616 電話 052-331-0008　風媒社
http://www.fubaisha.com/

乱丁・落丁本はお取り替えいたします。　＊印刷・製本／モリモト印刷
ISBN978-4-8331-5295-2

ラテン中世の精神風景

柏木英彦著

知泉書館

凡　例

一　ph, th, ch は p. t. c と同音に扱う。
二　ll. pp. cc は単子音として扱う。
三　音引はできるだけ使わない。
四　中世ラテン語は音韻変化により発音、綴字法とも古典ラテン語と異なる。しかし中世ラテン語の音で表記すると、古典ラテン語のどの音に当るのか判らない場合もあるので、厳密な原則はたてない。
たとえば古典ラテン語の Ci（キ）Ce（ケ）はチ、チェあるいは時代、地方によってはスィ、セと発音された。
本書では一応、古代の Cicero はキケロ、中世の Avicenna はアヴィチェンナと表記する。

目　次

ラテン中世の精神風景

Ⅰ　中世盛期の学芸

一

中世ラテン文献学の創始者ルートヴィヒ・トラウベは、古典文献学の厳密な方法を中世ラテン語研究に適用し、それなりに貢献するところ少なくなかったが、中世ラテン語を死せる言語だが凝固した言語ではないと規定した。[1] トラウベをはじめ多くの研究者は、古典ラテン語の視点から中世ラテン語を眺め、前者の規範をそのまま後者に適用する。この立場からすれば、つまるところ中世ラテン語は古典ラテン文法からの逸脱ないし誤用の集積という結論にならざるをえないであろう。なるほど中世ラテン語はいかなる人にとっても母語ではなく、学校などで手本によって教えられる言語であり、特定の場所、特定の機会に話されるにしても、二言語併用の知識人の間にしか存在しない。言語共同体を欠く言語は生ける言語でないとするならば、中世ラテン語は死せる言語である。

しかし別の視点から、中世ラテン語を観察することもできる。アントワーヌ・メイエが『ラテン語史』に述べているように、近代の入口に至るまで、およそ思索する人はラテン語で思索したのであり、中世ラテン語は思考の言語、学問の言語であった。(2) この点からすれば、ルートヴィヒ・ビーラーが規定したごとく、理念共同体の言語である。(3) また別の観点から、リヒャルト・マイスターは伝承言語と規定する。(4) すなわち音変化、形態と統語上の改新、意味の変化、新語の形成等において生ける言語の法則性を示している。中世ラテン語特有の社会形態は、何人の母語でもないという点で死後の性格をもつが、それにもかかわらずある範囲で生ける言語の様態たる変化の可能性を内蔵しており、しかもその起源が学者的文学的次元ではなく、言語の担い手たる生の領域からの刺激にある。言語使用の領域での生ける交わりによって伝承され再生されてゆく。かかる言語の形式は死せる言語とも生ける言語とも区別して、伝承言語と名付けられる。

このような捉え方からすれば、中世ラテン語は周囲の状況に適合するようにたえず改新を続け、その時代の精神の表現と世界像の形成に参加したとみることができる。したがって固定せず、文化の進展と歩みをともにしたという意味での中世ラテン語は十一、二世紀において、真に生ける言語になったと言えよう(5)。

二

十二世紀精神の特徴として人文主義を挙げるのが通例であり、例外なくイタリア・ルネサンスの人文主義を何らかの意味で前提にして論じられている。まず二人の歴史家のかなり異なる見解を要約する。

ノウルズ(6)は西欧文化が最初に開花する時期を十一世紀七〇年頃から一一三〇年頃とし、その後衰微に向かう人文主義を高く評価する。第一に古典にたいして繊細な感覚をもち、古典文芸の教養にもとづく自己表現力を具えた文芸の文化であり、第二に現在より過去を偉大な時代と見て、ある人物を賢者としてその生に倣おうとする。たとえばリヴォのアエルレドゥス（一一一〇年～六七年）は若年の頃キケロの『友愛論』に感銘を受け、個人的、心情的に敬愛の念、主体的一体感を懐いている。これは十三世紀の学者がアリストテレスを学問上の権威とした客観的、非感情的な態度とは異なる。第三に友愛にもとづく相互の経験や意見を尊重し、感情の共同体という主体的な一体感をもつ。古代の人間にたいする親愛感というようなものは、十三世紀の学者には何の意味もなく、思想の骨組がすべてであり、この点いちじるしい対照をなしている。したがって十二世紀を十三世紀と連続的に見るのではなく、すなわちスコラ学やゴシック大聖堂に象徴される偉大な世紀に至る準備の時代とのみ見なすべきではないこと、十三世紀に近づくにつれて衰微する面のあることを指摘して、人文主義をもって十二世紀の特長とする。

一方、サザーンによれば(7)、人文主義に二つの見方があり、一つは古典文芸の愛好という意味での人文主義、他の一つは scientific な人文主義で、前者は全く評価されない。だいたい十二世紀にかぎらず、人文主義なるものをほとんど認めていない。イタリア・ルネサンスの人文主義についても、いたずらに目を過去に向け、学問よりも文芸に、普遍的体系よりも友人グループに、感性の陶治と個人倫理に傾斜するとして、きわめて低い評価しか与えない。

そしていわゆる〈シャルトル学派〉の存在を否定する。この用語は十九世紀末クレルヴァルが使用して以来、人文主義の中心として通用してきたが、この学派の存在を疑う論拠はつぎのようである。シャルトルで教えたということはシャルトルのベルナルドゥス（～一一二四年ないし三〇年）以外確証できない。シャルトルのテオデリクス（～一一五五年頃）については、一一四二年文書局長に就任するまで、シャルトルとの関係を示す証拠はなく、また在任中、聖堂付属学校で教鞭をとったという証拠もない。彼が教授生活の大半を過したのはパリである。ポワティエのギルベルトゥス（一〇八〇年頃～一一五四年）はシャルトルのベルナルドゥスについて学び、一一二六年シャルトルの文書局長になったが、教えたという記録はない。その教授歴は明らかでなく、唯一確かなのは一一四一年パリで教えていたことである。コンシュのグイレルムス（一〇八〇年頃～一一五四年）については、ソールズベリのヨハネス

（一一一五年頃〜一一八〇年）の『メタロギコン』における自伝的記述が問題となる。(8) サント・ジュヌヴィエーヴの丘で論理学を学んでいたヨハネスは、そこを離れて、コンシュのグイレルムスの下に移り、三年間講義を聴いた。その間、シャルトルのテオデリクスとペトルス・ヘリアスに就いて修辞学に磨きをかけ、論理学者プティ・ポンのアダムス（一一〇五年頃〜一一八一年）とも親しくなった。三年して戻ってくると、ポワティエのギルベルトゥスを見出して論理学と神学の講義を聴いたが、彼はすぐに去った。この記述では、サント・ジュヌヴィエーヴを後にして、どこへ行ったかは書かれていない。この点について従来、ヨハネスはシャルトルに赴き、そこでグイレルムスの講義を聴いたとされてきた。ところがサザーンはこれに対しパリを当てる。すなわちサント・ジュヌヴィエーヴの丘は当時城壁の外、郊外にあったことを考慮すれば、ヨハネスはパリに行ったと解すべきで、そうとれば彼が名を挙げている教師、シャルトルのテオデリクス、ペトルス・ヘリアス、プティ・ポンのアダムスのいずれもパリで教えていたから、辻褄が合う。したがってコンシュのグイレルムスが教鞭をとったのもシャルトルではなくパリであった。かくしてシャルトル学派と言われる学者はパリを中心に活躍したので、シャルトルは学問の中心地ではなかったというのである。

サザーンのいうもう一つの人文主義とは、人間本性を含めて自然全体にたいする首尾一貫した理性的態度のことである。一一〇〇年から一三二〇年頃までが西欧における人文主義のもっとも偉大な時代で、イタリア・ルネサンス期の人文主義者が軽蔑する時期にまさに完成の域に達する。

サザーンの指摘を待つまでもなく、十二世紀に理性と自然の自覚が明白になる。人間本性の高い価値、尊厳の意識で、それまで一般に、人祖の堕落の結果、人間はその価値を喪失したと考えられていたのにたいし、もっとも高貴な被造物としての価値は人祖の堕落後も存続し、しかも人間本性を展開させることができ、人間はその具を有している。さらに人間本性の価値と平行して自然自体の価値を認める。人間もその一部である自然の秩序は高貴で、これを認めること自体、人間の偉大さのあらわれである。宇宙は秩序ある組織であるから、理性によって知解することができ、人間はその秩序の主要部を成す。

このような価値、秩序、理性、可知性は一〇五〇年以前には存在しかなった。世界の秩序と価値は超自然的力と結びついていて、秩序といえば象徴、典礼、秘蹟における秩序であり、自然自体はカオス（混沌）で、人間は卑少な存在にすぎなかった。ところが十一世紀後半にきわだった変化がみられる。たとえば修道院において、神を知る手立てとして人間の経験に目を向ける。つまり人間自身の心の中に神を探求するということで、それは結局人間の自己認識を必要とする。カンタベリのアンセルムス（一〇三三年ないし三四年～一一〇九年）は分析的、内観的方法に依拠している。また人間の経験の重視に友愛があり、リヴォのアエルレドゥスは友愛とは叡知にほかならず、神は友愛であると述べている。本性が友愛を求め、経験がこれを強め、理性が規整して宗教生活が完成する。ここでも自然から始まり、神に終極する。中世初期では、神は友愛ではなく畏怖すべきものであり、神へ近づくことは怖るべきことであった。このように畏怖すべき、宇宙の支配者としての神を親しい友の姿にし、カオスであった宇宙そのものを親しいもの、可知的な秩序とみなす。これが十一、十二世紀の学者に負うところの遺産である。

人間が理性によってものの原因と本質を知ることができると確信していたコンシュのグイ

レルムスは「すべてにおいてラチオ（ratio 理拠）を求むべし[9]」と主張する。そして自然は理性による探究の対象となったのみか、今や美として体験される。オータンのホノリウス（一〇八〇年頃～一一三七年）は、諸言語に訳されて広く読まれた『エルシダリウム』において、被造物には花のような美があるゆえ、眺める者にとって悦びであると書いている[10]。

人間が世界の中心に位置するという考え方は創造論にも見られる。サン・ヴィクトルのフゴは世界が人間のために造られたことを強調して「人間はすべての可視的なものより後に造られたが、根拠からすれば先である。けだし人間はすべてのものの後に造られたが、すべてのものは人間のために造られたからである[11]」と述べている。フゴの関心は創造そのものよりも、人間における創造の意味にあると説く研究者[12]もいるように、人間の形成に力点を置く。このことは『創世記』における六日間世界創造の解釈に明瞭にあらわれている。「はじめに神天地を創造したまえり。地は定形なく空しくして」（一、一～二）の inanis et vaca. は中世の学者によって解釈の分かれるところであるが、世界は原初において形相を受容する前には秩序ある配置 dispositio が無かったとフゴは解する。しかし無から創造された「形相なき質料」（materia informis）であったとすると、混沌の状態にあって物は形相なしに存在していたことになるのかという点についてはつぎのように言う。インフォルミスとは全く形相を欠くということではない。もしそうなら存在することはありえない。しかし混沌の状態において混沌の形相はあっても、現在のような美しい配置の形相はまだ欠けていたという意味でインフォルミスと呼ぶことができる。すなわち混沌の形相において物象的なものは同時に造られたが、配置の形相にかんしては六日間に整えられてゆく。質料が最初インフォルミスで後に形成されるのは、人が内においてただ存在すること（esse）と美しくあること（pulchrum esse）の相違がいかに大きいかを悟るためである。混沌の形相とはいかにも不可解な概念ではあるが、それを云々するよりは、六日間の創造を人間が内面的に美しくなることとの寓意と解して、人間性の形成を強調している点に注目すべきであろう。

ラヴァルダンのヒルデベルトゥス（一〇五六年〜一一三三年）は十二世紀初頭ローマを訪れ、その感銘を二篇の詩に詠った。その一篇[13]は古代ローマの栄光を称え、廃墟ともいえる今でも比肩するものなく偉大で、たとえ神々の助力を得たとしても二度と造れず、その業は人間の力による一回かぎりの功業であったことを強調している。神々でさえも神像に驚嘆し、人間が造った神々の容姿のごとく美しくありたいと望む。自然もこのような姿の神々を造れはしなかった。像の形姿の神々も工匠の努力のゆえに崇められている。偉大なローマの都を造ったのは神々の恵みでも好運でもなく、まさしく人間自身の力と技である。自然は創造された秩序で、人間の自然をも意味する。人を幸せにしたり惨めにしたりするのは、すべて人間に属すといって、人間の自律性を強調し、理性を含む人間の自然についてきわめて肯定的な態度をとっている。

自然は生み創造する力で、ベルナルドゥス・シルヴェストリス（～一一五三年）やリールのアラヌス（一一二八年～一二〇三年）の作品に表われる第二原因的性格の宇宙論的形象に展開する。自然と人間の自然との価値を強調し、大宇宙としての自然と小宇宙としての人間との相応関係を語るベルナルドゥスの『宇宙形状詩』(14)は自然描写を豊かに含み、徹底した自然賛美は中世に類例を見ないであろう。自然をより高い次元との関連においてではなく、それ自体価値をもち美しいと観る。大宇宙たる自然は調和した生ける自然で、この生ける自然の秩序を範として、人間の魂と身体は結合され、大宇宙の調和が小宇宙たる人間に移される。したがって人間の自然も秩序ある有機体として健全で、生殖器官は世代が持続し、混沌にもどることのないよう、死と闘う武器、種を持続させるものとして描かれる。自然は生成の母、孕む自然とも呼ばれ、形成する宇宙論的力である。この作品には自然学、天文学、医学等の知識が盛り込まれており、原因の探究は自然学的探究を含意する。

ベルナルドゥス・シルヴェストリスの影響を受けたリールのアラヌス『自然の嘆き』[15]では、寓意的形姿〈自然〉は創造者の代理として、創造された世界と生命の維持を委ねられている。大宇宙と小宇宙の絆として、新たな生により創造を持続してゆくことがその任務である。生と死の繰り返しの中で、たえず自然を新たにし秩序を維持する。人間の性本能は人類の維持のための力で、原罪の結果ではなく、秩序を汜さないかぎり悪ではない。この形姿は宇宙論的力であるのみならず、人間の徳の牧者でもある。自然の秩序を犯した者が受ける罰は、大食には赤貧、秩序を乱すような性愛には交接不能というふうに、はなはだ現世的であり、美徳の寓意的形姿として貞潔、寛大など自然的徳が登場し、自然倫理が問題にされる。

コンシュのグイレルムスの宇宙論では創造者は魂と元素のみ創造し、他は生む力としての自然に帰せられる。

バースのアデラード（十二世紀前半）は寓意という権威の鎖に縛られている人々を批判し、事象をまず理性によって究明すべきだと主張し、[16] シャルトルのテオデリクスは六日間の世界創造を自然学的に註解して、寓意的解釈を拒けた。[17] 創造は諸元素の相互作用によって説明され、世界霊は宇宙の秩序を保証する原理とされている。

ところで当時の学者が手にしていた資料はごくかぎられていた。カルキディウス（四世紀）のプラトン『ティマイオス』とその註釈、マクロビウス（四〇〇年頃）の『キケロ「スキピオの夢」註釈』、マルティアヌス・カペラ（五世紀）『フィロロギアとメルクリウスの結婚』、フィルミクス・マテルヌス（四世紀）『マテシス』、いわゆる『ラテン・アスクレピウス』、それにカシオドルス（六世紀）、セヴィラのイシドルス（五七〇年～六三六年）などで、人間と世界にかんする知識の多くは古代後期のラテン語文書によった。ソールズベリのヨハネスが幾何学についてふれ、イベリア半島やアフリカでは行なわれているが、われわれのところではあまり知られていない、彼らは天文学にこれを利用している、[18] と記しているところからすると、この頃ラテン語文化圏では数学や自然学はまだ見るべきものがなかったことになろう。

三

十二世紀後半にはコンシュのグイレルムス、シャルトルのテオデリクス、サン・ヴィクトルのフゴ、ベルナルドゥス・シルヴェストリス、アベラルドゥスなどがその生を終える。この頃から論理学が中心になり、教育の比重も修辞学から論理学へ移ってくる。しかし論理学は本質的に形式学である以上、基本的規則を比較的短期間に修得し、実際の議論にただちに利用できるが、一歩誤ればただ議論に勝つための論争術ともなり、ひいては詭弁に堕する危険もはらんでいる。都市の学校では、事実こういう不毛の議論が行なわれがちであったらしい。「あまたの議論を積み重ね、屁理屈をこねまわして複雑にし、当人自身の終りがくるまで議論は終らない[19]」ほどで、「市場に引かれてゆく豚は人間によって留められているのか綱によってか[20]」というふうな議論が続けられることもあった。パリで教鞭をとっていたプティポンのアダムスは、明解な言葉で論理学を教えれば、聴講者は一人もいなくなるか、僅かしかいなくなる、と語ったという[21]。

アベラルドゥスの学校の実状もおそらくこれに近いものだったのではないか。もとより論理学理論の追究そのものと、学校の実状とは関係がないにしても、「論理学のゆえに世間の憎しみを買った[22]」と晩年に記した〈敵意〉は理論の新しさにのみ起因するわけではあるまい。信仰の玄義を明白に説明し、信仰を理性に置きかえ、教父が前提した限界を越えて啓示を言語に移そうとする、というのが非難の理由であった。彼自身は知的探究の意義についてどう考えていたのか。『然りと否[23]』の序文で、知の基本的在り方について、たえず問いかけることと、それによって生じた問題を理性によって論究すること、すなわち疑うことによって探究に進み、探究することによって真理を把握すると述べている。文法と論理学は語と文の意味を明確にし、問いを正しく設定する。論理学の任務の一つは、論証の当否を吟味し真偽を区別して、誤れる論議を必然的理由によって駁することにある[24]。このように論理学の目的を説く一方、その適用には慎重さを求める。聖なる事について、必然性をもって論証することはできない。過度の議論に熱中する輩にたいして、吟味しつつ真理を探究することと、論争によって佯りの虚飾を追うことはまったく別のことであり、[25]詭弁によって理解できないものは存在しないというのは傲慢で、教会の権威を軽蔑するものだと批判している。[26]悪しきは論理学ではなく、その乱用である。

四

十二世紀後半になると文法学に論理学の概念が適用され、プリスキアヌス（五〇〇年頃）にもとづく記述文法に代って、レーマンとグラープマンが〈言語論理学〉と呼んだ性格を帯びてくる。古典の読解と修辞学的分析、範例の模範から、言語の演繹理論へと変わってゆくが、これは伝統的な三学科の体系を崩す事態である。知の在り方からすれば、感性と想像力の開発を含む理性主義から、論理主義的理知主義へと変貌してゆく過程として捉えることもできよう。つぎの世紀になると、新たな資料の体系化に成功した反面、ラテン語は論理学や抽象的思弁の術語となり、表現の多様性と柔軟性を失い、専門用語と化して、もはや文化の進展と歩みをともにすることはない。新たな知見をもっぱら命題として受取ったともみられる。極端な言い方をすれば、言語を喪失している、つまり記号としての面しか有していない。そして後世から〈台所のラテン語〉という蔑称を与えられることになる[27]。もはや文芸の占める位置はなくなったのである。

高名な印欧語学者アントワース・メイエは、それぞれの時代にはその時代の哲学による文法があり、中世は論理学にもとづく文法体系を樹立しようとしたと述べている[28]。

中世における文法学の古典はプリスキアヌスの『文法教程』で、その数じつに千を越える写本が現存する[29]。文法学者はその註釈という形で自らの所論を展開したが、刊本はいまだ皆無に等しい。十二世紀中葉パリで活躍したペトルス・ヘリアス『プリスキアヌス文法大全』にしても、コンシュのグイレルムス『プリスキアヌス註釈』にしても刊本はなく、アベラルドゥスの『文法学』は散佚してしまって、わずかにペトゥルス・ヘリアス『プリスキアヌス小註釈』の刊本しかない[30]。現在のところハント、レイク、ジョノ、フレデボルクなどの紹介、研究によって、文法学の実状を垣間見る以外にない[31]。

論理学が文法学に浸透してくるほんの一例として、名詞の表意作用をめぐる論議を取り上げよう。プリスキアヌスは名詞をつぎのように規定する。「名詞に固有な特徴は実体と性質を表意することである」。この定義の〈と et〉を〈ともに cum〉と取るか、〈あるいは vel〉、と取るかをめぐって論議が交わされたこと、すべての名詞類が実体と性質を示すかという問題が論ぜられたことが、コンシュのグイレルムスやペトルス・ヘリアスの著作から知られる。グイレルムスは名詞の表意作用について四つの見解をあげている。㈠名詞は実体と性質を表示する。たとえば人間と理性的、㈡実体に内属するもの、たとえば白さ、㈢想像上のもの、キマイラ、㈣実体でも性質でもなく、〈すべて〉という語のように語る様式を表意する。ハントが紹介した著者未詳の『プリスキアヌス註釈』は、名詞の規定の〈そして〉を〈ともに〉の意味にとって、存在する実体をその性質とともに表示すると解している。ポワティエのギルベルトゥスは「すべての名詞は種々のこと（diversa）を意味する」と書いている[32]。ここでプリスキアヌスの定義にはない〈種々のこと〉という語を入れているので、すべての名詞は性質とともに実体を示すのではなく、実体を表意したり性質を表意したりするという意味になろう。たとえば〈白〉という語は「白は物体である」という文では物体という実体を表意し、「白は偶性である」という文では、それによって白いところの白さを表意する。名辞の表意作用によって実体と性質とが区別されている。

動詞 esse（在る）はプリスキアヌスがギリシアを訳した verbum substantivum（以下、存在指示動詞と表記する）と呼ばれる。[33] 文法学が言語論理学的性格を帯びてくるにつれ、この動詞の機能が論題の一つになった。[34] 著者未詳の『プリスキアヌス註釈』によれば、プリスキアヌスの動詞に含まれる能動、受動の表意という機能をもたない存在指示動詞エッセはいかにして動詞と見なしうるか、いったい動詞はなにを表意するかをめぐって論議のあったことが知られる。プリスキアヌスの動詞の定義では能動、受動の表意作用が強調されているが、[35] この著者未詳の『プリスキアヌス註釈』は動詞の表意作用について、つぎのように論ずる。動詞がただ能動、受動のみを表意するなら、名詞と異ならない。actio, passio という名詞は能動、受動を表意するからである。たとえば動詞 currit（彼は走る）は能動作用や行為する人を端的に表意するのではなく、能動作用が行為する人に内属することを表意する。一方、名詞 cursus は端的に走るという行為を意味するのであって、それが内属することを表わしはしない。名詞がそれ自体として考えられた作用を表意するのにたいし、動詞は何かに属すかぎりでの作用を表意する。

では存在指示動詞にはいかなる機能が帰せられるのか。この動詞には二重の機能がある。一つは substantivum としての機能で、何かを存在において示し、他の一つは verbum としての機能で、何かを結びつける。前者は主語が存在することを示し、後者は主語に何かを結びつける。ところが「ソクラテスは白い」のような偶性が基体に述語される文では、表意作用が多義になる。述語される白さ（albedo）はエストという動詞のいずれの機能によっても、ソクラテスと結びつけられない。ソクラテスと白さは異なる本性のもので、このもの（ソクラテス）はあのもの（白さ）であるとは言えないからである。そこで、この註釈書の著者は、述語的機能からすれば、白さがソクラテスに内属することを意味し、substantivum の機能からすれば、ソクラテスというものは白いものであるということを表わす、というふうに説明している。

アベラルドゥスも『ボエティウス「トピカ論」註釈』『命題論註解』『弁証論』において、この問題に触れており、その動詞論は後の思弁文法の次元で行なわれているとみる研究者もいる。(36)

五

思弁文法（grammatica speculativa）は十三世紀中葉以降しだいに盛んになる。(37) 一二四〇年頃、文法は個々の言語にかかわるのではなく、一般原則を問題にし、これによって文法は普遍学となりうるという主張があらわれた。その著作の多くが De modi significandi（意味作用の様相）と題されているところから、彼らはモディストと呼ばれる。ロウビンズが『古代中世文法論』で、意味の様相は今日の用語では意味論とでもするところだと説明するゆえんである。モディストは言語の本質的原理を対象とする点で、プリスキアヌスの実用文法とは異なる。原理から文法の独自の論理を展開する。語が意味をもつのは、精神が音声にある意味の様相を付与することによってであり、これによって音声は語、品詞となる。〈意味の様相〉の観点から文法構造、品詞の定義、統語論を展開するもので、論理学にたいし、思弁文法独自の普遍学と考えられている(38)。

モディストの数はしだいに増加する。アルベルトゥス・スウェベリヌス、チングロのジェンティリス、シモン・ダークス、ラドルフス・ブリト、エルフルトのトマスなどである。なかでも重要な学者はエルフルトのトマスで、『新意味の様相』が中部ヨーロッパで文法の教科書として広く使われ、思弁文法の一つの中心であったエルフルト学派への影響が大きかった。記述が明解で、モディストの文法学のよき手引書であることから、マルティヌスの著作にとって替わり、広く用いられるとともに、以後の論争の出発点となり、一三三〇年代にはすでに多くの註釈書が刊行されている。

中世言語理論発展の転回点となったのはアウリファベルで、一三三〇年頃からエルフルトとハルベルシュタットで活躍し、唯名論の立場から〈意味の様相〉を攻撃した。なお、モディストの文法は十六世紀に至るまで講義されていた。

註

（1）Traube, L. Vorlesungen und Abhandlungen, Bd. II, 1911, S. 44.
（2）Meillet, A. Esquisse d'une histoire de la langue latine, 1966, p. 283.
（3）Bieler, L. Das Mittellatein als Sprachprobleme, in: Lexis II (1949) S. 98f.
Löfstet, E. Late Latin, 1959, p. 76.
（4）Meister, R. Mittellatein als Traditionsprache, in: Liber Floridus, Festschrift Paul Lehmann, 1951, S.1～9.
（5）Mohrman, Ch. Etudes sur la latin de chrétien, Tome II, 1961, pp. 183～226.
（6）Knowls, D. The Humanism of the Twelfth Century. in: The Humanism and Other Essys, 1963.
（7）Southern, R. "Medieval Humanism", "Humanism and the School of Chartres", in: Medieval Humanism and Other Studies, 1970.
（8）Metalogicon, IIII, 10. E. Webb, pp. 80～82.
（9）Philosophia mundi I, c. 23. PL. 172, 56c.
（10）Lefèvre. Y. L'Elcidarium et lucidaire, 1954, p. 373.

(11) De sacramentis, I, 2. 1. PL 176, 205B.

(12) Hofmeister, J. Die Trinitätslehre des Hugo von St. Viktor, 1963, S. 193.

(13) Scott B. (ed.) Hildeberti Cenomanensis episcopi carmina minora, 1969. Nr. 36.

(14) Cosmographia, ed. P. Dronk, 1978.

(15) De planctu naturae, in: The Anglo-Latin Satiricol Poets of Twelfth Century, vol. II, ed. Th. Wright, 1872 (reprint, 1964)

(16) Quaestiones naturales, ed. M. Müller, in: Beiträge des Mittelalters. Bd. XXXI, Heft 2. 1934, S. 11 ~ 12.

(17) De sex dierum operibus, in: Häring N. M. (ed.) Commentaries on Boethius by Thierry of Chartres and his School, 1971, p. 155.

(18) Metalogicon, I, 3. p. 16 ~ 17.

(19) Hugo de St. Victore, In Ecclesiasten homilia, PL, 237C, 238C.

(20) Metalogicon, I, 3. p. 10.

(21) Ibid. III, 3. p. 13.

(22) Epistola, xii, p. 178, 375 ~ 6

(23) Sic et Non, eds. B. Boyer and R. Mackeon, 1976, pp. 89 ~ 144.

(24) Geier, B. Peter Abaelards philosophische Schriften, in: Beiträge gur Geschichte der Philosophie und Theologie des Mittelalters, Bd. XI, Heft 4. 1933, S. 598.

（25）　Theologia Christiana III. PL 178, 1217C.

（26）　Ibid. III, 1218 BC.

（27）　Lehmann, P. Erforschung des Mittelalters, Bd. I, 1941 (reprint, 1959) S. 59.

（28）　Meillet, A. Linguistique historique et linguistique générale, 1926 (reprint, 1975), P. iii.

（29）　ロウビンズ『古代中世文法論』那司利男訳、南雲堂、一九五二年、六五頁

（30）　Tolson J. (ed.), The summa of Petrus Helias on Priscianus minor, in: Cahier de L'institut de moyen âge grec et latin, 1978, pp. 27ff.

（31）　Rijk, L. Logica modernorum, 3 vols, 1967. E. Jeauneau, Deux rédaction de gloses de Gaullaume de Conches sur Priscien, in: Recherches de théologie ancienne et médiévale, XXVi (1960), pp. 212 ~ 47. 後に「Lectio philosophorum」に収録

Fredeberg, K. The Dependence of Petrus Helias Summa super Priscianum of William of Conche' Glosse super Priscianum, in: Cahier de L'institut du moyen âge grec et latin, 11 (1973), pp. 1 ~ 57.

Fredeberg, K. Tractatus glosarum Prisciani in Ms. Vat-lat 1486. in: Cahier de L'institut de moyen âge grec et latin, 21 (1977) pp. 21 ~ 44.

（32）　Häring, N. The Case of Gilbert de la Porré, in: Medieval Studies xvi (1953) p. 251.

Häring N. (ed.) The Commentaries on Boethius by Gilbert of Poitier, 1966, p. 11.

（33）　Priscianus, Institutiones grammaticae, VIII, 51, ed. M. Herz. p. 144.

Thurot, C. Notices et extraits de divers manuscrits latins pour servir à l'histoire des doctrinales au moyen âge, 1868 (reprint 1964, p. 178.)

(34) Hunt, R. W. Studies on Priscian in the Eleventh and Twelfth Centuries, I, in: Medieval and Renaissance Studies I (1941 ~ 43) pp. 194 ~ 231.後に論集 The History of Grammar in the Middle Ages, 1980. に収録

(35) op. cit., II, 19; VIII, 11.

(36) Jolivet, I. Art du language et théologie chez Abélard, 1969, p. 51.

(37) Pinborg, J. Die Entwicklung der Sprachtheorie in Mittelalter, 1967.
Birsill-Halle, G. Speculative Grammars of the Middle Ages, 1971.

(38) 一二六〇年代から八五年頃までの代表的学者はダキアのボエティウス、ダキアのマルティヌス、ヨハネス・ダークスなどデンマーク出身である。ダキアのマルティヌスの『意味の様相』は、一二八五年以降モディストの著作が多くなり、諸学説が錯綜する。ダキアのマルティヌスの『意味の様相』は、エルフルトのトマスの著作が刊行されるまで愛好された書で、中世の言語理論を〈意味の様相〉の観点から総括し、とりわけ統語論は独創的といわれている。マルティヌスとボエティウスとでは意見の相違がある。マルティヌスとヨハネス・ダークスでは文法および〈意味の様相〉と物との関係が決定的であるのにたいし、ダキアのボエティウスでは文法と〈意味の様相〉はそれぞれ自律的領域を成している。

Ⅱ　十二世紀と古典

一

クィンティリアヌス（三五年頃～九五年ないし一〇〇年頃）の『弁論家の教育』[1]は単なる修辞学教科書にとどまらず、文芸を中心とする人文教育論を説いている。理想とする雄弁家は語る技術のみでなく、精神のあらゆる卓越性を具えていなければならない。修辞学の修練は人間性の展開に直結するというのが基本的考え方であり、したがって人間形成論でもある。クィンティリアヌスでは「精神を形成する」という表現がよく使われるが、これはキケロの人文主義を背景にしている。エロクエンティア（eloquentia 言語表現力）を最高のウィルトゥス（virtus）と見なしたキケロを援用して、エロクエンティアとサピエンティア（sapientia叡知）の結合をウィルトゥスとする。ウィルトゥスとは人間が自らの中に育成すべき精神の力、いわば第二の本性のごとく作用するよう身につけるべき卓れた習性を意味する。

キケロにおいて人間性の展開は言語能力と叡知との結合を目指すが、クィンティリアヌスも同様である。クリングナーは、古代ギリシアでは「汝自身を知れ」は汝は人間にすぎない、己れの限界を知れという意味であったが、ローマでは人間は自らの高い価値を知れになった、すなわち人間は賛美の対象になったと述べている。(2) クィンティリアヌスは言語表現力と悪しき心との結びつきを断固として却け、語る技術が悪しき人に生ずれば、それ自体悪と見なさねばならないと明言する。ビュヒナーは『ローマ文学史』で適切にもクィンティリアヌスは或る意味で精神史家だと評している。(3) このクィンティリアヌスの精神は十二世紀に甦える。

二

人文主義に反対し自由学芸を不要とするのは、実利主義者、速成の技術教育を標榜する者、世俗の学問を不要とする宗教家などである。これにたいし自由学芸を擁護する側からすれば、それはなぜ必要なのか。シャルトルのテオデリクス『ヘプタテウコン』（七自由学）の序文によれば、それは人間性の陶冶のために（ad cultum humanitatis）必須である。[4] ところで三学科（trivium）は言語にかかわる学問であるから、これを重視することは、言語能力の錬磨が人間性の完成に不可欠ということにほかならない。しかも重要なのは諸学科の均衡ないし調和である。論理学は三学科の一つとして言葉による論理的思考の方法にかかわる学科であるが、形式学という性格上、基本的規則を短期間に習得して実際の議論にすぐに利用できる。したがって一歩誤れば詭弁に堕する危険を孕んでいる。

コンシュのグイレルムスの学の区分では、言語表現力にかかわる三学科はただ基礎学であるにとどまらず、叡知を目指し事象にかかわるところの理論学と同等の位置を占めている。だが言葉は悪へ傾斜する可能性をも内包する以上、言語表現力と理性の力とは結びつけられねばならない。言語にかんするウィルトゥスとしての言語表現力と理性にかんするウィルトゥスとしての叡知を合わせ具えることが肝要で、これが人間の理想像である。それは想念と表現の一致という内面の倫理の問題でもある。また形式面についていえば、想念の形態は多様で、事象とのかかわり合いは一様でないから、その表現形式も単一でないのが自然で、事実、十二世紀の文書は詩、散文、対話、書簡、論攷など多様な形式をとっている。三学科においてラテンの古典を教材に使い、その説明をすることは精神の働きからすると、理性のみでなく、感性と想像力にも自然に繋がるであろう。人文主義の志向するところは畢竟こういう人間性を形造る要素の全人的調和である。

三

十二世紀には学問領域の新たな区分にもとづき、教育体系を再編成しようという傾向がみられる。その特徴は倫理学を独立の一学科として組みこむことで、そこに知力と言語能力の調和という理念も読みとれる。これまで中世の学問は七自由学芸と神学ないし聖書研究で、倫理学という学科は存在せず、倫理についてはもっぱら神学において超自然との関連で扱われてきた。倫理学にたいする関心の高まりは、これを学問の体系に組み入れることに明瞭にあらわれている。自由学芸を精神が流謫の状態から祖国へ帰る旅路の宿営地とみなすオータンのホノリウス（一〇八〇年頃～一一三七年）は、自由学芸の最後に倫理学を加え、サン・ヴィクトルのフゴは学問を論理学、理論学、実践学、技能の学に区分している。[5]ソールズベリのヨハネスもアベラルドゥスも倫理学をもっとも重要な学科と考えていた。コンシュのグイレルムスでも三学科のほかに、理論学と実践学の区分をしている。

倫理学を独立の学科とすることは、古代の自然倫理を積極的に取り入れようという姿勢と結びついている。十二世紀には古代倫理思想の精萃（Florilegium）が流行したが、なかでも有名なのは『哲学者たちの教説』（Morarium dogma philosophorum）で、主としてキケロ『義務について』をもとに、高潔と有益、枢要徳を扱っていて、いくつかの言語に訳され広く流布した(6)。古典の中でも影響の多きかったのはセネカ、キケロ、クィンティリアヌスである。セネカはそのストア的内省的倫理思想のゆえに愛好され、キケロは倫理思想を主題とする著作のみでなく、『材料の選択について』（De inventione）なども倫理学書として扱われた。

四

十二世紀の人文主義者は、イタリア・ルネサンス期の人文主義者のように、古典ラテン語に倣い、古人の生と感情に共感の念をもって臨み、作品の真髄に迫るという姿勢をとったであろうか。そうではあるまい。むしろ古代の伝統の再解釈ではなかったか。彼らは引用する作品をすべて通読していたわけではなく、撰文集や詞華集の類に依っている場合も少なくない。己れの想念の表明に適切であるから、あるいは自らの生の指針になるからなど理由はさまざまで、とにかくその人にとって、その時代にとって価値ありと認めたからである。したがって古代の著作にたいして、文学的趣味よりも哲学的観念を引き出すという姿勢をとった(7)というのが当を得ているのではないか。

古典文学は時代が下るにつれ、その美的価値よりは〈有益〉という面からもっぱら扱われるようになる。キケロの『スキピオの夢』に註釈(8)をほどこしたマクロビウス（四〇〇年頃）は、ウィルトゥスにかかわり、しかも真理に基礎をおく物語を文芸の一ジャンルとして立てている。それは真理をフィクションで表わし、聖なることを「寓意の蔽い(9)」の下に語るものである。このような観点から、ホメロスは神的な事柄の発想の泉で、詩的フィクションの下に真理を語り、ウェルギリウスはあらゆる知識に通暁した人といわれる。このいわゆる〈蔽い〉（integmentum）の説は、中世において古典文学に接する人々に大いに利用されることになる。ソールズベリのヨハネスがホラティウスやユウェナリスなどの詩人をエティクス

（ethicus）と呼ぶのも右の事情を背景にしている。

古典文学の手引書として『範例作家への手引』（十一世紀〜十二世紀）、ヒルザウのコンラドゥス『範例作家についての対話』（一〇七〇頃〜一一五〇年頃）が刊行されている。[10] 前者はオウィディウスが中心で、たとえば『名婦の書簡』の解説は、古典がどう読まれるべきかをよく示している。作者の生涯、表題、作者の意図、材料、目的、哲学のどの部門に属すかの六つを説明すべきだとしている。作者の意図については一般に楽しませることと、有益であることの二つで、個別的な意図は個々の書簡に示される。ペネロペは貞節の鏡、他の女性たちが三年でさえ夫の帰国を待てなかったのに比して、再婚を迫る男たちを却けて十九年も夫に誠実であったのだから、ペネロペは貞節の愛を、一方へレネは不貞の愛を、カナケは狂える愛、ピュリスは愚かな愛を示す。したがって作者の意図は貞節の愛を讃え、不貞の愛を非難することにある。目的は正しき愛を勧め、それによる利を見、不正の愛から生ずる不幸と災いを見ることによって、不当の愛を却け、正しい愛を守るようにさせることである。したがって哲学のどの部門に属すかといえば、倫理学に属す。これがいわゆるモラリザティオ（moralisatio）で、オウィディウスの『恋の手ほどき』（ars amatoria）でさえ、いかなる習性（mos）を身につけるべきかを扱っているという理由で倫理学に属すとされる。『範例作家についての対話』は教師と生徒との対話である。ホラティウスを読む意義を質問する生徒にたいして、叡知を追究する者は世俗の学問すなわち自由学芸を尊重すべきで、これを通じて精神を鍛えることが必要だと説いている。哲学は三部門に分れる。論理学、自然学、この両者に自由学芸が属し、第三に倫理学がある。この対話では、以前作者、題名、特徴、意図、目次、巻数、解釈であったが、今は材料、意図、目的、哲学のどの部門に属すかの四つの問に答えることで済ませていると述べている。

セルウィウス（四世紀）はウェルギリウス『アエネイス』の註釈で、生涯、表題、意図、巻数、順序、詩のジャンルを説明すべき項目として挙げており、これは長いあいだ詩の解釈を規定した。[11] クルツィウスによると、テキストの説明にかんするギリシア以来の伝統を改めたのはコンラドゥスとされているが、ユイジャンはユトレヒトのベルナルドゥス（十一世紀）『テオドロス註解』から、コンラドゥスが縮めて採り入れたことを原文を比較しつつ指摘している。

テキストの説明にかんする原則は、初歩の生徒の学習にかぎらず適用された。コンシュのグイレルムスは『ボエティウス「フィロソフィアの慰め」註釈』で六つの問題を説明し、神話の人物に教化的解釈をほどこしたうえ、モラルを扱っているので倫理学に属するとしている。(12)

五

一作品について具体的に寓意的解釈をほどこした例として『伝ベルナルドゥス・シルヴェストリス〈アエネイス〉註釈』なる一書がある（以下『アエネイス註釈』と略記）。長く影響を及ぼしたので少し立ち入って考察する。最初の印刷本は一九二四年リーデルによって刊行され、当時知られていた唯一の写本であるパリ写本（十五世紀）にもとづき、ベルナルドゥス・シルヴェストリスに帰せられた。(13)しかし一九三〇年以降三つの写本が新たに発見された。パリ写本（十三世紀前半）、クラクフ写本（十四世紀）、アンブロシアヌス写本（十五世紀）で、いずれも著者名の記載を欠き、このうち二写本は年代がより古いことなどから、リーデル版の不備が指摘され、ベルナルドゥスの作品とすべきか否かについても問題になった。年代のもっとも古いパリ写本は、リーデル版と同様、註釈は第六巻で終っている。クラクフ写本は第六巻註釈の六三六行以下が明らかに別人の手で書き加えられていて、アエネアスがエリシウムに入ろうとするところで終っているのを不満として註釈を付け加えたのであろう。第三のアンブロシアヌス写本は『アエネイス註釈』の全部を手写したのではなく要約で、イタリアの学校で教科書に使われたことを示している。

一九七七年にジョンズにより新校訂版が刊行された[14]。註釈は十二世紀中葉に書かれたと推定され、十五世紀に至ってもなお使われていた。現存写本いずれによっても『アエネイス註釈』は第六巻の途中までしかなかったことになる。なおソールズベリのヨハネスは『ポリクラティクス』（一一五九年）で、人間の一生の六つの時期を第六巻までの各巻にあてはめて解釈するアエネイス註釈に言及しており[15]、これは今問題にしている『アエネイス註釈』を指しているので、同時代の証拠としてよいであろう。

つぎに作者の問題である。『アエネイス註釈』の著者がベルナルドゥスか否かについて一九三八年ヴェルヌが信憑性に疑念をさしはさみ、シャルトルのベルナルドゥスの著作とする可能性もないではないとの意見を出している。[16]その後一九六四年ジョノがケンブリッジ図書館所蔵の写本の中に、マルティアヌス・カペラ『フィロロギアとメルクリウスの結婚』の註釈を発見し、『アエネイス註釈』と同一著者の手になることを明らかにした。[17]ジョノによると、これはオルレアンあたりで書かれ、シャルトル派の思想が認められる。そして著者は自著『アエネイス註釈』とプラトンの『ティマイオス註釈』に言及している。また『創世記』冒頭の天空の水にかんしてコンシュのグイレルムスの見解に反対する。使用されている語、内容からみて『アエネイス註釈』と照応する箇所が多い。たとえばウェルギリウス註釈に述べたごとくと言って、人間の身体より下位のものはないことをガラスと比較して、生命なきものでもっとも脆いガラスは衝撃によって壊れるが、人間の身体は病気や老いによっても損われるという理由を挙げているところは、[18]『アエネイス註釈』とほぼ同じ説明をしている。したがって『アエネイス註釈』とこの『フィロロギアとメルクリウスの結婚註釈』が同一著者の手になることは明白である。しかし著者をベルナルドゥス・シルヴェストリスとすべきかについては積極的な断定を下していない。

一九七二年にベルナルドゥス・シルヴェストリス『宇宙形状誌』にかんする研究『十二世紀の神話と学問』を公刊したストックはこの問題についてより否定的で、その論拠は以下のようである。[19]ベルナルドゥスとオルレアンの関係、ティマイオス註釈を書いたという事実は知られていない。『宇宙形状誌』と『フィロロギアとメルクリウスの結婚註釈』では、たとえば天空の水について主張が相反するように、説を異にする点がある。また十二世紀初頭に書かれた著者未詳の『神学入門』[20]には、『フィロロギアとメルクリウス結婚註釈』における学問の分類がそのまま見出される。このような理由で、著者はおそらくベルナルドゥスではないと主張する。

ジョンズはこの写本を精査し、『アエネイス註釈』と同一著者の手になることを確認した上、新版の脚註に照応箇所を記載しているが、著者がベルナルドゥスか否かについてはきわめて消極的である。ストックの提示した根拠のほかに、コルッチョ・サルターティ（一三三一年～一四〇六年）が他の著者名を記しながら、『アエネイス註釈』を引くさいには（彼が使っている写本は別の手稿本である）ウェルギリウスの寓意的註釈者、細心の註釈者と書き表わしていて、ベルナルドゥスの名をどこにも記していないことを傍証として挙げている。[21]

ソールズベリのヨハネスは〈蔽い〉の理論により『アエネイス』六巻を人間の成長の六段階に対応させる教化的解釈に言及しており、六段階とすることに誤解はあるものの、アエネアスを身体の中に住む魂の象徴としている点など『アエネイス註釈』にもみられるので、問題の註釈を指していることは疑いない。ただしベルナルドゥスの名は記していない。これは当時としては珍らしいことではなく、また寓意的解釈にかならずしも賛成していない節がある。したがって名を記していないことはベルナルドゥス・シルヴェストリスの作品でないと断定する根拠にはならない。一方シャルトルのベルナルドゥスの名を記していないことは、この有名な学者を『アエネイス註釈』の作者とする可能性を薄くするように思われる。[22]というのもヨハネスは当代文学研究のもっとも豊かな泉と称えてその教育方法を紹介し、言及するさいには名を記すのが常であるから、もし彼が『アエネイス註釈』の作者であるなら、その旨記さないはずはないからである。

以上を整理すると、つぎのようになる。『アエネイス註釈』は第六巻六三六行のアエネアスがエリシウムに入ろうとするところで終っている。その作者をベルナルドゥス・シルヴェストリスと断定はできない。この註釈の著者は『フィロロギアとメルクリウスの結婚註釈』も書いていて、いずれにもシャルトル派の思想が認められる。同じ著者は、まだ写本の発見されていないプラトンの『ティマイオス』註釈も著わしている。で、もし著者がベルナルドゥス・シルヴェストリスでないとすると、プラトン、ウェルギリウス、マルティアヌス・カペラについてシャルトル派的な註釈を書いているにもかかわらず、どこにも名を記されていない一人の著作家を想定しなければならないことになる。

六

マクロビウスの寓意物語論にしたがって、『アエネイス註釈』はウェルギリウスの意図が哲学的真理を教示するとともに、詩的フィクションを疎かにしないことにあると述べて、解釈の基本的立場を明らかにしている。ウェルギリウスはあらゆる学知に通暁した人で、その作品を究めるなら、巧みな表現力、行為の規範を学ぶことができる。アエネアスの嘗める辛酸から忍耐を、アンキセスとアスカニウスにたいする情愛から献身を、ディドとの恋から不当なことにたいする欲求の抑制を学ぶ。目的は『アエネイス』の含む有益なことを明らかにすることで、重点は倫理的寓意に置かれる。このような立場から取り出される主題は、人間の自己認識である。アエネアス神話は人間が自己をよりよく知るための手立てを提供する。第一巻から第六巻までは、身体の中に堕ちた魂が自己の神的本質を認識する過程にほかならない。

先に述べたソールズベリのヨハネスをはじめとして、研究者は第一巻から第六巻まで人間の成長の六段階に対応すると説明するが、これは明らかに誤解である。たしかに第五巻までは幼年期、小児期、少年期、青年期、成年期という成長の五段階に相応するので、つい第六巻もそうなっていると思い込みやすいが、実は第六巻にあたる年齢は記されていない。ソールズベリのヨハネスは第六巻に老年を当てているが、しかし地下界降下を老年に当てることは否定されているのである。第三の少年期から知的営みが始まるが、第四の青年期の段階では可視的、物的なものに心を奪われがちで、第五の成年期に至ってはじめて精神的、倫理的なことに目を開かれ、見えざるものを探究すべく地下界へ下るよう勧められる。ここで第五巻の註釈が終り、第六巻に続くから、第六巻にあたる年齢は依然成年期で、第六巻で学業が始まることからみても、当然そうなるのである。

ところで第一巻から第五巻までの註釈は全体を要約するという形で簡単に済ませているのにたいし、第六巻ではウェルギリウスはより深い哲学的真理を述べているゆえ、方法を変えて一語ずつ解釈すると断っており、分量も全体の四分の三ほどを占める。そして一語ずつの寓意的解釈で目立つのは、神話の人物についてその名の語構造から事の本質を解き明かす当時の語源解である。この方法はフルゲンティウス（五〇〇年頃）に由来する。その『神話学』は中世の神話知識の源で、その後の註釈の範例となったが、語源から説明する方法も多くを負っている。

第六巻の主題である地下界降下は四種に分類される。第一の自然的降下は人間の誕生、すなわち魂が神性から遠ざかり、身体に沈み悪に傾斜すること、第二は徳によるもので、賢者がこの世的なものに下っても、これに心を奪われることなく、その脆さを知って見えざるものに向かい、これをよりよく認識する場合で、オルペウスがその例である。第三は不徳によるもので、この世的なものに埋没し離れられぬ場合で、エウリュディケがこれに当る。第四は術によるもの、魔術師が犠牲を捧げ未来について訊ねるもので、アエネアスがその例である。以上、四種の降下において地下界はこの世的なもの、身体の象徴である。この四種の降下はコンシュのグイレルムスの『ボエティウス「フィロソフィアの慰め」註釈』にも見られるが、不徳による降下を魔術によるものと不徳によるものに二分している点が異なる。

アエネアスはエウボイア人が住んでいたイタリアのクマエに上陸し、ディアナ女神の聖林にあるアポロの館に着く。これは身体の欲望、この世的なものの刺激から身を離して、学芸に専念することを表わす。船は意志、海はこの世的なもの、港に入ることは勉学の開始を意味する。今や理性的精神が意欲を自らに従わせ、学芸の入口に達した。学芸は叡知、言語表現力、詩（ポエシス）、技能（メカニカ）の四部門から成る。技能は実生活に必要なものを作る知識である。羊毛、武器、航海、狩猟、農業のほか演劇と医術を含み、生活にかかわる技能であるから、他の三者とは異なるが、このメカニカを入れているのはサン・ヴィクトルのフゴの影響かもしれない。九名のムーサを従えるアポロンは叡知の象徴で、高きという形容詞は理論学、自然学、神学が他の学芸の上位に位置すること、あるいは神学によって高きものが捉えられることを示す。

ところで人間本性を侵す四つの悪がある。無知、不徳、表現の未熟、物的欠如で、それぞれに四つの善つまり叡知、詩、言語表現力、必要性が対応し、欠落を補完するための四つの学ないし知識として、先に挙げた理論学、ポエシス、三学科、アルス・メカニカが当てられる。欠落ないし不完全を補完するものとして学を位置づけることは、サン・ヴィクトルのフゴにも見られるが、ただフゴでは学科の分け方が多少異なり、表現にかかわる学科は予備部門とされているのにたいして、ここでは詩および言葉にかんする学科の地位が高められている。この点はコンシュのグイレルムスの分類と同一であるが、ポエシスを三学科から離して、しかも倫理にかんする欠陥を匡すものとして位置づけている点は顕著な特色といわねばならない。ポエシスを独立の一学科とする考え方は、アベラルドゥス派およびヴィクトル派と関連する内容を含む著者未詳の『神学入門』にもみられる。倫理的欠落に対応するのは通念からすれば実践学ないし倫理学が位置するはずで、『アエネイス註釈』の三つの写本いずれも実践学（practica）となっており、リーデル版もそうなっている。しかしこれでは右に述べた学芸の区分と矛盾するし、ポエシスに重要な役割を担わせる本註釈の趣旨とも合わないゆえ、手写のさいの誤りとみて、校訂者ジョンズが改めたのである。(23)

アエネアスは最後に、より深い真理を究めるべく、巫女シュビラに導かれて地下界に降る。アエネアスがオルペウスの例を挙げて、自分にもできないはずはないと、地下界に降下できるようシュビラに懇請する箇所で、オルペウス伝説を以下のように解釈する。オルペウスはアポロとカリオペから生まれ、カリオペは詩歌を司る女神で最良の声であるから、叡知と言語使用力を身につけている。一方、エウリュディケは本性的欲望で、本能の神ゲニウスのように、人間の本性に具わるもの、よきものを求める欲求である。エウリュディケが遊歩する草原は、此岸的なものを象徴する。神的徳を表わすアリスタイオスは彼女を追い求め愛慕する、つまり徳が欲望を自分に結びつけようとする。エウリュディケはアリスタイオスから逃れるが、蛇の毒で命を落とす、すなわち彼岸的なものを避け、此岸的なものの快に執着したため地下界に落ちる。オルペウスはエウリュディケを求めて地下界に降るが、これは徳による降下で、欲求を此岸的なものから引き離すためであり、地下界の王の前で歌うことは叡知と言語表現力のかぎりを尽くすこと、後を振り返ってはならないという掟は此岸的なものに再び目を向けてはならないということである。このようにオルペウス＝叡知（サピエンティア）と言語表現力（エロクエンティア）＝精神＝彼岸、エウリュディケ＝感覚＝欲望＝此岸という対比項で教化的解釈がほどこされている。

後を振り返ってはならないという掟が、此岸的なものに再び目を向けてはならないという意味に解されるような彼岸と此岸という図式の源は、さらに遡ってボエティウスの『フィロソフィアの慰め』に求められる。ボエティウスは第三巻の末尾にオルペウスを詠う詩を置いて、善の輝く源泉を見る人、この世の重い絆を断ち切る人は幸いだという意味の序詩で始めている。[24] 光＝泉と、地＝重い絆とにより彼岸と此岸の対立を設定してオルペウス伝説を語った後、誘惑に負けて地下界の洞穴を振り返る者は地下界を見ている間に大切なものを失うことをこの物語は意味していると結んで、彼岸的高次の世界へ精神を向けようとする者にとっての教訓と解した。ここでオルペウスは賢者とはされていない。むしろ此岸的なものに執着を残したことに力点が置かれている。かくしてウェルギリウスが描く振り返りの場面は、教化的解釈により新たな意味を付与されることになった。『フィロソフィアの慰め』は四百以上の写本が現存している[25]事実も示すように、中世からルネサンス期にかけて広く流布したから、オルペウス像にかんする教化的解釈の枠組になったことは確かである。

『アエネイス註釈』には、エウリュディケを本性的欲望とするための語源解による説明はない。その源がボエティウスにもないことは明らかである。ところで同一の解釈がコンシュのグイレルムス『ボエティウス「フィロソフィアの慰め」註釈』に見られる。地下界降下の四種、オルペウスを叡知＝言語表現力、エウリュディケを本性的欲望とすること、それにホラティウスから同じ箇所を引用する点まで同一である。『アエネイス註釈』とグイレルムスがともに依拠する資料があるのか、それともグイレルムスが試みた解釈なのか。彼は自らの解について、こう述べている。フルゲンティウスはオルペウスをよい声、エウリュディケを正しき判断として、音楽という学芸（アルス）に関連させ、前者は聴衆を動かす言葉の力、後者は音の神秘な調和を意味すると解する。(26)

オーセルのレミギウス（八四一年頃〜九〇八年以前）はマルティアヌス・カペラ『「フィロロギアとメルクリウスの結婚」註釈』でフルゲンティウスの線に沿って、オルペウスとエウリュディケをアルスとの関連で説明する。(27)オルペウスはよき声、エウリュディケは音楽の深い原理である。オルペウスはアルスを顧みず、ために歌う力を失って地下界に降り、声を整える規則を取り戻す。一方、エウリュディケは身体の声を深きアルスの理論と比べると、声に十分あらわれていないため、学の深みに逃げこんでしまう。この解釈で、オルペウスは身体の器官たる声、演奏家であるのにたいし、エウリュディケはその根底にある学としての音楽を象徴するから賢者と言えるのである。

以上からすると、十二世紀にオルペウスとエウリュディケの位置が逆転する。エウリュディケはフルゲンティィウスとレミギウスにおいて音楽にかんする深い判断であったのが、自分にとってよいことの判断となり、よいと判断したことを人は本性的に追求するところから、よきものの欲求、本能的欲望と変わり、オルペウスと位置が逆になる。一方、オルペウスについては、オルレアンのアルヌルス（一一七〇年頃）が最高の賢者としている例もあり、叡知＝言語表現力というオルペウス像が定ったようで、これが『アエネイス註釈』を通じて後代に影響することになった。[28]

因みにダンテが『神曲』で楽人オルペウスをリンボ（辺獄）に置いていることに目をとめる読者はまずないであろう。が、罪なき有徳の異教徒の住む辺獄でも、とりわけ高貴な城に哲人、学者、賢者とともにオルペウスを住まわせたことの意味について、『神曲』の初期註釈家は問題にしたらしい。ピエトロ・ディ・ダンテはオルペウスを音楽家にして賢者、エウリュディケをよき判断とし、ベンヴェヌート・ダ・イモラはオルペウスを最高の賢者、エウリュディケをオルペウスの魂と解している。[29] このような解釈はしかし彼らに始まるのではなく、十二世紀に確立していた。ニコラウス・トリヴェは広く流布した『ボエティウス註釈』で、さらに『神曲』のラテン語訳者コルッチオ・サルターティは『ヘラクレスの労苦』で、ともにオルペウス神話の解釈に『アエネイス註釈』を利用している。さらに、この註釈は十五世紀になってもイタリアの学校で教科書に使われ、またクリストフォロ・ランディーノは大筋で『アエネイス註釈』に沿った註解書を著わしている(30)。

中世およびルネサンス期の文芸に深く影響したのは、古代神話の寓意的解釈であった(31)。

註

(1) Quintilianus, Institutio oratoria.
(2) Klingner, F. Römische Geisteswelt. 5 Aufl. 1965. S. 728.
(3) Büchner, K. Römische Literturgeschichte, 4 Aufl. 1968, S. 455.
(4) 「Heptateucon」は刊本をみないまま、シャルトルにあった写本は第二次大戦中焼失した。幸いマイクロフィルムがトロントの中世研究所とルーヴァンの修道院に保管されていて、ジョノーが序文のみ印刷にふして紹介している。Jeauneau, E. "Le Prologus in Eptateucon de Thiery de Chartres", in: Medieval Studies. 1954. pp. 77 ~ 175.

（5）De anime exsilio et patria, alias de artibus. PL 172, col. 1241 ~ 1246.

（6）Delay, Ph. L'Enseignement de la philosophie morale au XIIe siècle, in: Medieval Studies, XI (1949) p. 82f.

（7）Paré, G. Brunet, A. Tremblay, P. Renaissance du XIIe siècle. 1933. p. 199.
十一世紀後半にブルグイユのバウデリクス、ランスのゴデフレドゥスのように、古典の詩美を味わい、古典を範とした詩を詠うというようなことは、もはやみられない。拙著『古典残照――オウィディウスと中世ラテン詩』知泉書館　二〇一四年参照

（8）Macrobius, Commentarii in somnium Scipionis, I, 28 ~ 29. ed. J. Willis, 1970.

（9）Ibid., II, 10, 11; I, 15, 12.

（10）Huygens, R. B. C. Accessus ad Auctores. Bernard d'Utrecht. Conrad d'Hirsau, 1970.
Quain, E. A. The Medieval Accessus ad Auctores, in: Traditio III (1945) pp. 215 ~ 264.

（11）『ヨーロッパ文学とラテン中世』南大路、岸本、中村訳、みすず書房　一九七一年

（12）Delay, Ph., op. cit. p. 58.

（13）Riedel, W. (ed.) Commentum Bernardi Sylvestris super sex libros Eneidos Vergilii, 1924.

（14）Jones, W. and Jones, E. F. (eds.) The Commentary of the First Six Books of the Aeneid of Virgil commonly attributed to Bernardus Sylvestris, 1977. 写本にかんしては序文による。

（15）Joannes Saresberiensis, Policraticus, VIII, C, xxiv, ed. J. Webb, vol. II, p. 415.

（16）Vernet, A. Recherches sur auteur svivi d'une edition critique de la Cosmographia, dissertation, 1938. 筆者

未見。Johns, op. cit. pp. 28 ~ 29.

(17) Jeauneau, E. Notes sur L'êcole de Chartres, in: Lectio philosophorum, 1973, pp. 28 ~ 33.

(18) Ibid.

(19) Stock, B. Myth and science in Twelfth Century: A. Study of Bernard Silvester, 1972, pp. 36 ~ 37.

(20) Landgraf, A. (ed.) Ecrits théologique d'Ecole d'Abelard, 1934. に収められている。著者と執筆年代については Luscombe, L. E. The Authorship of the Ysagoge in theologiam, in: Archives d'histoire doctrinale et littéraire du moyen âge. 43 (1968) pp. 7 ~ 16.

(21) Johns, op. cit. p. ix.

(22) Metalogicon, I. cxxiv. ed. J. Webb. p 55.

(23) Johns, op. cit. p. 36.

(24) Boethius, Philosophiae consolatione, III, car. 12. ed. L. Bieler, pp. 62 ~ 63.

(25) Courcelle, P. La consolation de philosophie dans la tradition littéraire, 1969.

(26) Friedman, J. B. Orpheus in the Middle Ages, 1970 p. 89

(27) Remigius Autissiodorensis, Commentum in Martianum Capellam, L. ix, ed. C. Lutz (1965) vol. II, p. 310.

(28) Friedman, J. B. op. cit. p. 100.

(29) Ibid. p. 119.

(30) Ibid.

（31） Ibid., pp. 142 ~ 144.

（32） 寓意的解釈についてはジャン・セズネック　高田勇訳『神々は死なず――ルネサンス芸術における異教神』美術出版社　一九七七年。

Ⅲ　イスラム思想の影響

一

　十二世紀にシチリアとトレドでアラビア語文献の大規模な翻訳事業が推進されていた時、実際にラテン訳に携わっていた人々は自らの仕事が以後の中世精神史に対して決定的な意味を持つことをはたして予想していたであろうか。西洋中世に対するイスラム文化の深い影響が神学、哲学のみでなく、芸術、文学、自然学、医学等広範囲に及んだことは改めて説くまでもないが、ここでは中世スコラ学に対するイスラム思想の影響に焦点をしぼり、イスラムはキリスト教学者の間にいかなる反応を生じさせたか、スコラ学者はイスラムに対してどのような態度をとったかについて考えてみたい。したがってたとえばダンテの『神曲』に対するイブン・アラビーの影響といった問題には触れないことにする[1]。

十二世紀以前の西欧はイスラムそのものについてまったく知識を欠いていたと言っても過言でない。十二世紀初頭、西欧においてもっとも早くマホメット（ムハンマド）の生涯について記したノジャンのグィベルトゥス（一〇五三年頃〜一一二四年）は、直接の資料に依ってはいないと断わっているもののマホメットをMathomusと書いて[2]、彼自身の時代と遠くない年代の人としている。当時一般にイスラムは多神教と見られており、イスラムの神とマホメットとの区別もついていなかったが、このことは『ロランの歌』がサラセン人をマホメット、アポロ、テルヴァガンから成るパンテオンを崇拝する多神教徒として描いていることにもうかがわれよう。

したがってペトルス・ヴェネラビリス（一〇九二年頃〜一一五六年）がラテン人にイスラムにかんする正確な知識を提供する目的から一一四二年『コーラン』（クルアーン）をはじめとして『サラセン人の話』『マホメットの系譜』『マホメットの教説』『サラセン人とキリスト

教徒の往復書簡』から成るイスラム文献（いわゆるトレド・コレクション collectio toletana）[3]の翻訳事業を推進し、自らもこれらの文献を基に『サラセンの異端大要』と『サラセンの異端駁論』を著わした[4]のは、中世人のイスラム研究史上画期的なことだと言わなくてはならない。トレド・コレクションはたしかに一方でイスラムについて正確な情報をラテン人に提供したと同時に、『マホメットの教説』と『サラセン人とキリスト教徒の往復書簡』が愛好されたため、かなり真実から遠いマホメット像を植えつけることにもなった。マホメットの生涯におけるメッカ時代とメジナ時代を区別しえたのはごく僅かの著作家にすぎない。ペトルス・ヴェネラビリスの重要性はしかし翻訳事業の推進と著述につきず、『サラセンの異端駁論』に見られるイスラムに対する態度にあると考えられる。ペトルスはそこで武器によってではなく言葉によって、力によってではなく理性によって、憎しみによってではなく愛によって立向かうべきだとの態度を表明し、平和と愛と救霊を強調している。彼は十字軍に対する同時代人の熱狂ぶりを前にして、剣を武器とする聖戦の思想に抵抗を感ずるところがあったのではないかと思う。

さて『コーラン』は唯一の神、キリスト、復活、最後の審判等についてキリスト教的要素を含み、キリスト教を天啓の民として扱い、『コーラン』自体はモーゼ五書と福音書を確証するのみでなく、これを訂正するものだと宣明しているから、中世人は『コーラン』にある真理が含まれていることを理解はしていたものの、『コーラン』は全体としてその内容、形式ともにまことに奇異な掟の書と映ったのである。キリストを預言者として受け入れながらその神性を否定する点は、イスラムが唯一神の信仰を表明しているだけに重視され、中世人は『コーラン』が偽預言者による虚構であることを証明しなければならなかった。が、それにしても不完全な訳文のせいもあって『コーラン』の理解は容易でなく、「神が語る」と「マホメットが語る」を区別することはできなかった。また『コーラン』における天国のマテリアリスティックな絵画的描写は、これを文字通りにとってよいかどうかは別問題として、(5)キリスト教の至福直観との相違があまりに明白であり、結婚にかんする掟とともに、中世人にとって衝撃であったことは想像に難くない。こうした点はイスラムが霊的宗教でないとの印象を強めたであろう。後に『対異教徒全書』の序論でそのイスラム観を要約したトマス・

アクィナスも、マホメットが肉の喜びを約束して人々を誘惑したとまず記している[6]。アラビア人の宗教についてのみでなく哲学についても知られるようになると、アラビアの偉大な哲学者たちが天国の問題にかんしてイスラムの立場を非難している点を指摘して、イスラム世界における哲学と宗教の対立を強調する著作家もあった。

十二世紀西欧のイスラムに対する態度の特徴は、当然のことながら、キリスト教の立場から聖書に依拠し聖書を護るために『コーラン』を利用することである。しかし聖書の枠の中で思考しているかぎり、キリスト教の側から見て『コーラン』が奇異な世界に見えると同様、イスラムの側からすれば、少なくとも新約聖書はやはり同じように受け入れ難いであろう。つぎの世紀には、聖書の真理の擁護という点では変わらなくても、一応聖書という思考の枠をはずして、純粋に理性だけに依拠し共通の地盤に立ってイスラムと相対せざるをえなくなる。それは宗教についての文献のみでなく、言わばイスラムのスコラ哲学の翻訳書が西欧に押し寄せて来たからである。もちろん十二世紀にもたとえばリールのアラヌスは『異端に対する公教信仰論[7]』でイスラムを反駁する際、理性に訴えはしたが、しかし哲学体系を持っていたわけではなかった。

二

十二世紀後半おもにトレドでヨハネス・ヒスパヌス、ドミニクス・グンディサリヌス、クレモナのヘラルドなどによって、アヴィチェンナ（イブン・シーナ）、アヴェロエス（イブン・ルシュド）、アルキンディ、アルファラビ等のイスラム哲学者の著作がアリストテレスや古代末期のさまざまなギリシア語文献のアラビア語訳本とともにラテン語に翻訳され、この世紀の末頃から西欧のスコラ学者に徐々に知られるようになった。十三世紀のスコラ学者の中、本稿のテーマとの関連から注目すべきはロージャー・ベーコンである。彼はペトルス・ヴェネラビリスと同様、武力に依るイスラムの撲滅でなく、説諭による改宗を目的とすべきことを強調し、そのため聖書の権威を楯にとらず、哲学に依拠しなければならないと主張する。(8)キリスト教徒がイスラムの歴史を否定し、真理からの逸脱として反キリストの系譜の一段階としか見ないとすれば、同じ権利によってキリスト教の歴史も否定されるであろう。未信者はキリストと聖人の権威、福音の真理を否定するから、聖書に依拠するのは適当でない。また戦争という手段はこれまで失敗しているが、たとえ成功したにしても、キリスト教圏よりもはるかに広大な彼らの領土を管理することは不可能であるし、敗者は征服者に敵意を抱くのがつねであるからともに生活することは危険であり、まして改宗など思いもよらない。したがって彼らに真理を示す方法は説諭以外にない。神に創造者、第一原因、無限、必然、叡知、善などの属性を帰す点でキリスト教徒とイスラムは一致している。

ベーコンが古代の賢者たちを正確に理解するためにも神学研究のためにも、あるいは聖書写本の誤りを訂正するためにもギリシア語とヘブライ語の知識の必要性を力説したのは周知のことであるが、彼はさらに哲学研究のために、平和と交易と未信者の改宗のためにアラビア語の必要性を説く(9)。種々の異端と異教の型を区別し、それぞれをよく理解した上で説得の方法を適宜変えねばならず、そのためには哲学が必要である。ところがこの異端とキリスト教の共通のよりどころとすべき哲学をキリスト教徒は持っていないのであるから、異教の哲学書を学ぶ必要がある。哲学の目的は宇宙の賛美を通じて神の認識に到達することであるが、哲学書に含まれる真理を求めようとしないのみか、これを嫌悪し軽蔑する人々がいる。しかし哲学書には人々をしてキリスト教の真理を受け入れるべく準備させ、キリスト教の真理を擁護し弁証するために必要な思想が見出される。[10] このようにベーコンが哲学の積極的利用を説いたのは、哲学の力が神の叡知と一致すると考えていたからである。しかしイスラムは彼にとって多くの宗教の中で反駁するのがもっとも困難なものであった。彼自身のイスラムにかんする知識はおもに『コーラン』と哲学者たちの著作にもとづき、特にアヴィチェンナに通じていて、ラテン訳されたのはその著書の一部にすぎないことも知っていたが[11]、それにしても信頼に値する資料を選択できるほど知識を持っていたわけではない。以上みたごとく、イスラムに対してかなりオプティミスティックな考え方をしていたベーコンは、しかし実際にイスラムに働きかける機会を持たなかった。

三

イスラム神学はアルガゼル（ガザーリー）を除いて中世キリスト教学者にはほとんど知られなかったから、スコラ学に対するイスラム思想の影響といっても厳密にはイスラム哲学の影響である。トレドでイスラムの哲学書や、アリストテレスをはじめとするギリシア哲学のアラビア語訳本のラテン訳が行なわれていた一方、イタリアではギリシア語の哲学文献が原典から翻訳されていたから、イスラム哲学がかりに西欧に知られなかったとしても、十三世紀スコラ学は成立していたかもしれないが、アリストテレスの理解はより困難であり、スコラ学がかなり性格の異なるものになったことは確かであろう。いずれにせよイスラム哲学と同時にアリストテレスと新プラトン派の哲学、マイモニデス、アヴィチェブロン（イブン・ガビロル）などのユダヤ哲学がほとんど一度に神学者の前に姿をあらわしたため、十三世紀思想史はかなり錯綜した展開を見せることになる。

古代末期の新プラトン主義者たちがプラトンを本当に理解するためにアリストテレス哲学研究の必要性を説き、その『カテゴリー論』を重視したことは、以後プラトン主義とアリストテレス主義が混同される一因になったが、新プラトン派の哲学書もアリストテレスとともにアラビア語に翻訳されたから、先に挙げたイスラム哲学者の体系は多かれ少なかれ新プラトン主義的色彩を持つことになった[12]。言いかえればアリストテレスは新プラトン主義的に解釈されることになったのである。したがってプロティノスの『エンネアデス』に基づいて編集された書物が『アリストテレスの神学 *Theologia Aristotelis*』と呼ばれ、プロクロスの『神学綱要』に基づく『原因論 *Liber de causis*』のごとき純粋に新プラトン主義の著作がアリストテレスのものとして通用した。そしてこれは中世キリスト教世界にまで尾を引くことになる。

イスラム哲学が程度の差はあれ一般に新プラトン主義的色彩を帯びていたことは、中世スコラ学に対し二様の作用をしたと考えられる。すなわち一方でアリストテレスとイスラム哲学を受け入れやすくした。初期キリスト教時代の教父たちが新プラトン主義の哲学を利用し、いわゆる偽ディオニシウス文書が、聖パウロによるアテネの改宗者ディオニシオスの手になると誤解され中世を通じて神聖視されていたことなどもあって、新プラトン主義的考え方が中世思想を支配していたからである。が他方でアリストテレスと新プラトン主義との区別を困難にしたと言えよう。プラトンの著作はカルキディウス訳による『ティマイオス』の一部と、十二世紀にシチリアで訳された『パイドン』と『メノン』しか直接には知られず、しかも後の二つは十三世紀末までパリでは知られなかったと思われるので[13]、中世のキリスト教学者がアリストテレスとプラトン、プラトンと新プラトン主義の相違について歴史的知識を欠いていたのは当然であろう。十三世紀のスコラ学者にとってプラトン主義とは、イデアを神的な離存実体（substantia separata）とする説である。プラトンの著作を直接知らず、アリストテレスによるプラトン批判のみを読み、新プラトン派の哲学、アリストテレスを信奉するイスラム哲学者の新プラトン主義的なアリストテレス註釈を一度手にしたのであるから、これら相互の区別を認識するのが困難であったのも無理はない。したがってアリストテレスを受容することは、かならずしも新プラトン主義を拒否することにならなかったのである。

このことを示す典型的な例として『原因論』を挙げることができよう[14]。クレモナのヘラルドによってラテン訳され、リールのアラヌスが『異教徒に対する公教信仰論』ではじめてこれに言及して以来、アレキサンダー・ネッカム、クレモナのロランなどが引用しているが、ヘールズのアレキサンダーとアルベルトゥス・マグヌスは明らかにアリストテレスのものとしている。一二三〇年頃『原因論』が権威を持っていたことは、グラープマンが発見した当時のパリ大学人文学部の学生のための手引書[15]で、アリストテレスの形而上学を『古形而上学 *metaphysica vetus*』（ギリシア語からの訳）『新形而上学 *metaphysica nova*』（クレモナのヘラルドないしマイケル・スコットによるアラビア語からの訳）『原因論』の三書で研究するように指示されていること、一二五五年の人文学部の規定では『原因論』がアリストテレスの著書とされていることでも明らかである。つまり『原因論』はアリストテレス形而上学の補足と見られていたわけで、定式の部分はアリストテレス、いわゆる註解の部分はアラビアの哲学者によると考えられていた。トマス・アクィナスが晩年に『原因論』はアリストテレスの著作でないと指摘しえたのは、ギヨム・ド・モルベカによるプロクロスの『神学綱要』のラテン訳を見ることができたからである。このように典型的な新プラトン主義の書物がアリストテレスと混同される状況に、アリストテレスがスコラ学者に受け入れられる一因があったと言えよう。

先に述べたごとく、イスラム神学が知られなかったので、スコラ学者はイスラム思想についても十分な歴史的知識を持っていたわけではないし、イスラム哲学とアリストテレス哲学の相違がはっきりしていたわけでもない。ロジャー・ベーコンのように当時としてはアヴィチェンナに比較的通暁していたと考えられる学者でも、アヴィチェンナをアリストテレスの秀れた註釈家、アリストテレス以後の指導的哲学者として扱っている。ベーコンがアヴィチェンナはアリストテレスに全面的に従っていると見たのは、アリストテレスの『形而上学』M巻とN巻を手にしなかったためかもしれない。アヴィチェンナをしばしば引用しているオーヴェルニュのグイレルムスもアヴィチェンナの宇宙論をアリストテレスのものとしている。グイレルムスはアルファラビ、アルガゼル、アヴィチェンナを一緒にしてアリストテレスの追随者と見なしているが、これはアルガゼルがイスラムの正統信仰の立場からアルフアラビとアヴィチェンナを批判していることを知らなかったためであろう。アルガゼルは『哲学者の意図』でこの二人の見解を要約しているが、ドミニクス・グンディサリヌスのラテン訳はアルガゼルが二人の見解に同意しているという印象を与えたらしい。しかもアルガゼルが二人を批判した著作『哲学者の矛盾』をグイレルムスは手にしなかったと思われる。

いずれにせよイスラム哲学者の著作とアリストテレスの著作の翻訳は、中世キリスト教学者に新しい世界を開き、西欧はこれまで経験したことのない壮大な形而上学体系に直面することになった。その体系はキリスト教の啓示と独立に、神学と無関係に、人間理性の営みによって築かれた大規模な世界像であり、世界全体を理論的、組織的に説明していたからである。それがキリスト教の啓示に依るのでなく、人間精神の自律的営みの成果である以上、キリスト教学者は信仰と理性、神学と哲学の関係について改めて考え直さねばならず、またそれが人間理性の力によってキリスト教世界観と相容れない教説を提示している以上、従来のごとく聖書と教父からの引用によってアプリオリに相手の立場を論断することでは済まなくなってきた。したがって今やアリストテレスおよびアラビアの形而上学の異教的性格、その体系性と対決するため、西欧の学者達は純粋に理論的に弁証するという仕事を課せられ、哲学をキリスト教の敵として簡単に片づけるわけにはいかなくなったのである。こうしてアリストテレスおよびイスラム思想は方法論的にスコラ学を成立させ、その体系的総合に貢献することになったと言ってよい。

この状況は初期キリスト教時代の教父たちの立場に類似する。教父たちが異教の知的攻撃に対処するため、ギリシア哲学から武器を借用しなければならなかったごとく、中世のスコラ学者も対決すべき相手から哲学の武器を借り、キリスト教的世界観を新たな体系として再組織しなければならなかった。しかも教父たちの中、結局キリスト教思想を豊かにしたのは、ギリシア哲学を徹底的に敵対者として扱う人々ではなく、異教思想に積極的姿勢を示した人々であったごとく、中世スコラ学者においてもキリスト教史に重大な一時期を画す貢献をしたのは、異教の知的挑戦に応ずる有効な武器を当の相手の教説に見出した神学者たちであった。かくて十三世紀は思想史的に見ると、ある一つの思想体系が異質の思想体系に接した際に生ずる摂取と拒否との複雑な絡み合いを示す稀な激動期と言うことができよう。

アリストテレスとイスラム思想が知られなかったならば十三世紀スコラ学は成立しなかったに違いないとしても、二つの点に注意しなければならない。第一に神学者はアリストテレスなりアヴィチェンナなりの体系そのものを摂取したのでもなく、またその哲学に基づいて神学を樹立したのでもなく、後に具体的な例を挙げるが、異教思想の中に神学のために意義深い形而上学的原理を読みとったということである。神学者はある哲学の上に神学体系を築いたのではなく、信仰の光の下で真理を目指して思索しつつ一つのキリスト教的総合を試みたのであり、哲学的思考方法と推論によって啓示真理の体系化を意図しはしたが、神学者であることに変わりはなかった。もちろんこう言ったからとて、スコラ学に独自の哲学思想はないなどと主張しているのではない。ただこうした点は多少誤解されていないでもないので、事柄をはっきりさせておきたかったまでである。実際、世界を創造せず世界の事象に無関心な神、世界の永遠性を説き、人格の不滅の余地のないアリストテレスの哲学、世界の必然的流出、十の叡知体（Intelligentia）の継起的発出による世界の間接的創造を説くアヴィチェンナの哲学、世界永遠論と全人類における知性単一論を唱えるアヴェロエスの哲学の上にスコラ神学が形成されるはずもないであろう。

第二に、神学的総合を構成する点で神学者の間に本質的相違はなく、彼らはただ異教哲学の原理の読みとり方、総合における理性の位置づけないし哲学の神学への包摂の仕方等において異なっていたにすぎない。スコラ神学者は何らかの出来上った思想体系から出発したのではなく、信仰の光の下で異教哲学の原理に異教哲学者自身の思いも及ばなかった意義を与えたのである。したがって具体的に言えば、キリスト教思想史の観点からスコラ神学の歴史的意義を考える際、フランシスコ会を中心とするアウグスティヌス主義とアリストテレス的トマス主義との対立を強調しすぎてはならない。そうでなければアヴェロエス主義の思想史的意義は浮かび上ってこないであろう。なるほどたとえばアリストテレスを形而上学者として認めないボナヴェントゥラと、アリストテレスに対して積極的な態度をとったトマス・アクィナスとでは哲学にかんする意見を異にし、ボナヴェントゥラが啓示に依存しない哲学の不十分さをトマスより強調したことは事実である。が、純粋に哲学的観点から見てトマス主義とフランシスコ会系のアウグスティヌス主義の相違がいかに重要であり、また実体形相は単一か多数かの問題がキリスト論との関連から十三世紀を通じていかに苛烈な論争を惹き起こしたにしても、[16] あるいはまた世界の非永遠性の論証可能性をめぐって意見の対立があったにしても、言ってみればそれは内輪の論争にすぎない。たとえ学説の内容にかんして両派の相違を強調することが理論的観点からは重要であっても、まず信仰を受け入れその光の下に啓示内容を説明し体系を展開する点において、スコラ神学者が軌を一にしていたことに留意する必要がある。〈知解を求める信仰〉はトマス・アクィナスの態度ではなかったと誰が言いえよう。神学と哲学の方法論上の区別はトマス以前にはそれほど明確でなかったが、神学的総合を構成するという理念において神学者の間に本質的相違はなかったのである。

トマスはキリスト教的総合を試みる際、アウグスティヌス主義者よりより多くアリストテレスとイスラム哲学の原理を採用し、神学自体を異教哲学の用語で表現し、それぞれの原理に独自の形而上学的意義を与えはした。しかし彼は単に抽象的問題に答えようとしていたのではない。神の存在証明にアリストテレス的原理を採用はしたが、運動の究極原因として不動の動者を証明することのみが目的だったのではなく、証明は信仰の理論的根拠を示す前提だと考えていたのであり、この点にかんするかぎり、アウグスティヌス主義者との間に根本的相違はないであろう。トマスはアリストテレス的な原理でその体系を表現したが、それだからといってアウグスティヌスをしりぞけたわけではなく、アウグスティヌスの宗教思想をアリストテレス的な思考形式で説明したのである。しかもアリストテレスはトマスの思索を通じて、実際のアリストテレス哲学には見出しえないように変容を蒙っている。キリスト教的総合において神学に対する哲学の合宜的関連について意見の差は見られるにしても、神学の光の下で哲学的思索を営むことはスコラ学者に共通の特徴であった。

四

イスラム哲学者の中、特にスコラ学者に対する影響の大きかったのはアヴィチェンナとアヴェロエスであるが、その影響の仕方はかなり異なる。アヴィチェンナが表立って抵抗を受けずにキリスト教学者の思索に深く浸透したのに対して、アヴェロエスは公に禁令の対象とされて歴史の表面にあらわれ、攻撃の矢面に立つことになった。スコラ学者のアリストテレス理解に対する貢献という積極的意義を持つにもかかわらず、通常アヴェロエス主義について論議の的になるのはこの積極面ではない。

スコラ学者に知られるのはアヴィチェンナの方が早く、パリ大学に登場するのは十二世紀末と言われている。一二一〇年と一二一五年にアリストテレスの自然学に対する禁令が出された時、アルファラビとともにアヴィチェンナの註釈も含まれていたと推測する学者もある。いずれにせよ、誤って一五〇八年のヴェネツィア版ラテン訳『アヴィチェンナ著作集』[17]に「*De Intelligentis*」として入れられている『*Liber de causis primis et secundis*』[18]（または*De fluxu entis*）が十三世紀初頭に書かれたとすると、この書物が叡知体、天体霊魂（anima caelorum）、能動知性の照明などにおいてアヴィチェンナの影響を明らかに示している以上、この頃すでにアヴィチェンナはかなり読まれていたことになる。キリスト教教義に抵触する教説は批判されても、アヴィチェンナがアヴェロエスよりも円滑にスコラ学に浸透したのは、アヴェロエスの場合と違ってアヴィチェンナ主義を標榜するようなラテン・アヴィチェンナ主義者が出現しなかったこと、キリスト教学者がすでに新プラトン主義的枠の中で思考していたことにも原因があろう。アヴィチェンナの普遍論、能動知性と照明説、存在と本質の区別等を考えてみても、キリスト教側にすでに受容されやすい、あるいは問題とされやすい下地があったと考えられる。アウグスティヌスに照明説があるがゆえに、アヴィチェンナのアニマ論と離存能動知性（intellectus agens separatus）の照明論とは、『アニマ論』の訳者ドミニクス・グンディサリヌスが能動知性と神とを同一視してアウグスティヌスの説との調和を試みて以来、アクワスパルタのマテウス、ロージャー・マーストン、ロージャー・ベーコン、ヘールズのアレキサンダー、ボナヴェントゥラを経て、照明を否定するミドルトンのリチャードに至るフランシスコ会の学者たちの思索を認識論的観点から刺激してきた(19)のである。

パリ大学で教え、アリストテレスに対する教会側の態度が徐々に変わりつつあった一二二八年から一二四八年までパリの司教を務め、しかもアヴィチェンナをしばしば引用しているオーヴェルニュのグイレルムスは、本稿のテーマとの関連から注目すべき学者である。スコラ学における存在と本質の区別はアヴィチェンナの影響の一つとしてよく挙げられるが、この原理を最初に採用したのはグイレルムスであり、彼はこの教説の中に被造世界の有限性と依存性を説明する原理を読みとったと言えよう。

アヴィチェンナの体系が流出説をとり、質料の永遠性を認める以上、それは自由意志による無からの創造論ではなく、また叡知体の継起的流出を説く以上、世界は神によって直接創造されたのではない。この点を理論的にいかに論駁するかが神学者に課せられていたと言えるが、聖書に依拠するかぎりキリスト教との相違を指摘できるだけであるから、どうしてもこれに対抗する形而上学的原理に基づく体系的説明を与える必要があった。中世人が理解しているかぎりのアヴィチェンナの説によれば、必然的存在以外の存在において本質はそれ自体個別でも普遍でもなく、存在は本質の中に含まれず、本質に付随的に帰せられる。つまり存在は本質に付け加わる何か外的な「偶性」のごときものと理解されたのであり、このことから歴史家はアヴィチェンナの存在論を本質主義として特徴づける。しかしこうした解釈についてはイスラム学者の側からの反論もある。[20] この問題にかぎらずラテン訳でしか接しなかった中世スコラ学者のイスラム哲学像は、当然イスラム哲学を歪曲する面もあるが、西欧の歴史家はとかくこの点を混同して、ラテン人に映ったイスラム哲学をただちに本来のイスラム思想として論ずる嫌いがあるから、注意しなくてはならない。さてグイレルムスはアヴィチェンナの説をつぎのように解釈する。[21] 存在は神以外のものに分有（participatio）によって帰せられる。それらが存在することは必然的でない以上、神以外のものにおいて存在と本質は別である。その存在は獲得されたものであるから、神以外のものと神との関係は被造物と創造者との関係である。それゆえ流出説は正しくない。[22] 存在するものはいかなるものであれ、たとえ本質に欠陥が生じようとも存在に固執し、存在を放棄しまいとするとして、グイレルムスは本質よりも存在により大きな価値を認め、トマス・アクィナスの考えを先取した。[23]

トマス・アクィナスがボエティウスの個別的実体と一般的本質の区別をアヴィチェンナを媒介として深め、その体系の形而上学的基本原理としたことは改めて述べるまでもないが、存在と本質の問題をトマスがどちらかと言えば、論理学的観点から主に論じているのに対して、この原理をグイレルムス以上に創造の問題と関連させ、神学的総合の視点から主題的に論じたのはアウグスティノ隠修士会のエギディウス・ロマヌスであった。そのため存在と本質の区別が実在的か思考上のものかという問題は、以後スコラ学者の間にはげしい論議を呼ぶことになる。エギディウスによれば被造物に存在と本質の実在的区別を認めないかぎり、自由意志による創造を擁護できず、世界は一者の本質の必然性からの発出となり、無限の本質からの有限の本質の流出となる[24]。アヴィチェンナにおいては神が自己の本質を知解することによって第一叡知体のみが発出する[25]。永遠的存在から必然的に発出する世界は当然永遠であるが、これは三位一体論におけるペルソナの発出と関連して汎神論的危険を孕む。エギディウスはイスラム形而上学における世界の必然的流出論に対して、神の自由意志による無からの創造を弁証するための不可欠の原理を、トマスを介してアヴィチェンナの中に読み深めたと言ってよい。

存在と本質の区別、存在の優位といった発想がアリストテレスだけから出て来ないことは、たとえばラテン・アヴェロエス主義者ブラバンのシゲルスがトマス・アクィナスの立場にかんして、存在が事物そのものでも本質の部分でも偶性でもなく事物の本質に付け加わるものであるというのは第四の本質を措定することになるから、存在は本質の原理を通じて構成され本質に付け加わるものだと言っても、それは結局本質の原理によって構成された事物にほかならないではないかと批判する際[26]の反論の仕方にもうかがわれよう。『出エジプト記』におけるモーゼの問に対する神の答え、ヘブライ的思惟では具体的な意味しか持たない「われは在る者なり」という神の答えを、スコラ学者が「存在そのもの Ipsum Esse」というきわめて抽象的、理論的な存在概念として把握することができたのも、アヴィチェンナの貢献の一つと考えられる。

スコラ学者の中でキリスト教的総合を構成するにあたってアヴィチェンナを大幅に摂取したのはヨハネス・ドゥンス・スコトゥスである。[27] スコトゥスはアヴィチェンナにもアヴェロエスにも精通していたと思われるが、アヴェロエスについてはたとえば『オクスフォード講義録』で呪うべき（maledictus）いう形容詞を付しているのに対して[28]、アヴィチェンナはつねに彼の思索の導きとなった。形而上学の構想においてアヴィチェンナに従い、神は第一存在であっても本来的に形而上学の対象ではなく、むしろ神学の固有対象であるとする。スコトゥスが存在の概念について詳細に論じ、その体系の重要な原理である「共通本質 natura communis」や「普遍」について自説を展開したのもアヴィチェンナに依拠してであった。やや誇張して言えば、スコトゥス自身が意識していたにせよいなかったにせよ、アヴィチェンナとの内的対話なくしてはスコトゥスの体系は生じなかったかもしれない。少なくともアヴィチェンナがスコトゥスの思索の糧としての作用を果たしたことは疑いないであろう。

五

アヴェロエスはおそらくアヴィチェンナよりやや遅れて一二三〇年頃からパリで知られるようになり、アリストテレスが人文学部で講義されるようになるにつれて、より正確な手引きとして読まれるに至ったと考えられるが、アヴィチェンナと違ってやがて教会側と神学者から公的に攻撃されるのは、その異教的性格による以外に、人文学部の教授たちの中にいわゆるラテン・アヴェロエス主義者ないし極端なアリストテレス主義者と称される一派が出現したからである。アヴェロエスは宗教と哲学の関係について『コーラン』理解に三段階を設け、神学は蓋然的真理を示すが哲学は必然性をもって絶対的真理を与えるとして、哲学を神学の上に置いた。そしてその体系は新プラトン主義風の流出説、叡知体を媒介とする間接的世界創造、世界の永遠性、全人類における知性単一論、個人の不死と来世の賞罰の否定などをその内容とする。

ラテン・アヴェロエス主義者は一二七七年の禁令の結果、忘れられた思想家となり、その代表者ブラバンのシゲルスとダキアのボエティウスをはじめ人文学部の実態は今日なお究明されていないが、彼らがアヴェロエスの解釈したアリストテレスの形而上学そのものに固執するかぎり、神学者の側から攻撃されるのは当然であろう。アヴェロエス主義が特に問題となるのは一二六〇年代の中頃からである。ただ彼らは一つの独自の体系を立てたと推測されるので、アヴェロエス主義論争との関連からのみ人文学部の教授たちの思想を論ずるのは正しくない。ともかく一二四〇年代にすでにアリストテレスの自然学に対する禁令は無視されがちで、その『形而上学』も、『原因論』も註釈されるほどに普及していたから、神学者の中にはたとえば知性単一論についてのアヴェロエスの解釈はかならずしも正しくないとして、アリストテレスとアヴェロエスを区別しようとする傾向もあった。神学者の側からの批判としてはまずボナヴェントゥラが一二六七年、世界の永遠性、知性単一論、個人の霊魂不滅の否定等の誤謬を指摘し、翌年には無からの創造の否定、叡知体に創造力を帰する点などを攻撃した。ついで一二七〇年にはトマス・アクィナスが知性単一論を駁する論文を書き、エギディウス・ロマヌスに帰せられている『哲学者の誤謬』[29]はアヴィチェンナ、アヴェロエス、アルガゼル、アルキンディのイスラム哲学者のほかアリストテレスとマイモニデスの誤謬を列挙し、また同年パリ司教は十三箇条から成る禁令を出した。知性論についてはブラバンのシゲルスが自己弁護の書を著わしている[30]が、その後もボナヴェントゥラ、エギディウス・ロマヌスなどによる反駁が続き、中世史上有名な一二七七年の禁令になる。二一九条から成るこの禁令はその背後にアウグスティヌス主義とトマス主義の対立ということもあるので、ラテン・アヴェロエス主義者に対してのみ発布されたとは言えないが、その思想的意義は小さくない。

ラテン・アヴェロエス主義者は信仰の真理に反するアヴェロエスの説を主張する一方、キリスト教の教義を否定するわけではないから、哲学と神学、信仰と理性について両者が調和するような何らかの解決を示さざるを得ないであろう。禁令には、矛盾する二つの真理(duae veritates contrariae)[31]があるかのごとく彼らは哲学者によれば真でカトリックの信仰によれば真でないと言うと書かれているが、ラテン・アヴェロエス主義者自身は信仰に反するとの批判を受けると、アリストテレスがそう言っているのであって、自分たちはアリストテレスの言葉を伝えているだけであり、哲学者の教説を探究しているのだと答えた。哲学が信仰に反する結論に達した場合、それは自然的方法による自然理性(ratio naturalis)の探究の結果にすぎず、自然理性は当然誤ることもある以上、それは蓋然的真理を与えるにすぎないというのが、いわゆる二重真理説と言われるものであったと考えられる。そしてその背後には先に述べた哲学と神学の関係についてのアヴェロエスの説が作用していたであろう。禁令に見られる「哲学に従事するより優れた状態はない」とか「世界において哲学者のみが賢者である」といった条項はダキアのボエティウスの著作から取られたと思われる。ボエティウスが超自然的至福に触れず、哲学的観想を最高の生とするアリストテレス風の主知主義的幸福論を説いているところから、それは神学や啓示と無関係に哲学を営む一種の自然主義と考えられたのである。[32] 神学者の側からすれば、アヴェロエス主義者の態度は結局のところ一つは信仰にとって正しく一つは哲学にとって正しいとするので二つの真理を説くことになり、しかも超自然と切り離して自然理性による自然の探究を強調すれば、理性を信仰の上に置くことにもなりかねないし、延いては信仰の軽視に連なると映ったであろう。

神学者において神学と哲学、信仰と理性の関係は、信仰が理性に光を投げかけ、理性が信仰内容をより明瞭にすることによって哲学が神学に理論的基礎を与えつつ、両者は一つのキリスト教的総合を構成するということであった。たとえ理性の及ぶ範囲、哲学の位置づけにかんして見解の相違はあっても、神学と哲学は相異なる二つの体系を形成するのではなく、哲学はいわば相対的自律性を認められ自律的部分として神学に総合されていた。ところがラテン・アヴェロエス主義者において哲学は絶対的自律性を与えられたと言うことができよう。信仰と理性は分離され、信仰の光を背景として哲学的思索を営むわけではなく、したがって理性が信仰内容と矛盾する結論に達することも起こり得る。しかしその場合には、たとえ結論に蓋然的という留保が付けられるにしても、哲学と理性に対して危惧の念を生ずることにもなろう。そうなればもはや一つのキリスト教的総合を構成することは困難である。したがってラテン・アヴェロエス主義はスコラ学の総合の時代を終らせる要因を包蔵していたと言ってよい。逆に言えば、それは神学と哲学の、超自然と自然の分離、哲学の絶対的自立に基づく中世後期の自然主義的経験論を準備したとも見られる。

註

（1） E. Cerulli, *Dante e Islam*. (Al-Andalus, XXI, 1956, pp. 229–53); G. Levi della Vida, Nuova luce sulle fonti islamiche della *Divina Comedia*. (Al-Andalus, XIV, 1949, pp. 337–407)参照。

（2） Guibertus de Novingento, *Gesta Dei per Francos*, I, 3 (Migne, PL, CLVI, 698 B)

（3） ラテン訳は *Alcoran*（ケットンのロバート訳）、*Fabulae Saracenorum*（ケットンのロバート訳）、*Liber generationis Mahumet*（ダルマチアのヘルマヌス訳）、*Doctrina Mahumet*（ダルマチアのヘルマヌス訳）、*Epistola Saraceni et rescriptum christiani*（トレドのペトルス訳）。このコレクションについてはJ. Kritzeck, *Peter the Venerable and Islam*, 1964.参照。『コーラン』のラテン訳についてはM. Th. d'Alverny, *Deux traductions latines du Coran au moyen âge*. (*Archives d'histoire doctrinale et littéraire du moyen âge*, XVI,

1947–48, pp. 69–131.)

（4）「*Summa quaedam brevis*」「*Contra sectam sive haeresim Saracenorum*」(Migne, PL. CLXXXIX.)

（5）井筒俊彦教授 The Structure of Ethical Terms in the Koran, 1951.（慶應応義塾大学言語文化研究所刊）参照。

（6）*Summa contra gentiles*, I, cap. 6.

（7）Alanus de Insulis, *De fide catholica contra haereticos*. (Migne, PL. CCX.)

（8）R. W. Southern, *Western Views of Islam in the Middle Ages*, 1962, pp. 52 ~ 61.

（9）Roger Bacon, *Opus tertium*, CXXVI, ed. J. S. Brewer. (Rolls Series, 15) (reprint, 1965)

（10）Roger Bacon, *Opera hactenus inedita*, fasc. 1, ed. R. Steele, 1905. pp. 6 ~ 7.

（11）R. de Vaux, *Notes et textes sur l'Avicennisme latin aux confins des XIIe-XIIIe siècle*. 1934. p. 57.

（12）松本正夫教授「存在論の歴史」（岩波講座「哲学」8、一九六八年、所収）参照。

（13）中世プラトニズムについては W. Beierwaltes (ed.), *Platonismus in der Philosophie des Mittelalters*, 1969.

（14）『原因論』研究の現状については H. D. Saffrey, *L'état actuel des recherches sur le "Liber de causis" comme source de la métaphysique au moyen âge*. (Die Metaphysik im Mittelalter, ed. P. Wilpert 1963, S. 267 ~ 281.) 参照。

（15）M. Grabmann, *Eine für Examenzwecke abgefasste Quaestionsammlung der Pariser Artistenfakulät aus der ersten Hälfte des 13*. Jahrhunderts. (Mittelalterliches Geistesleben, II, S. 183 ~ 199.)

(16)　この論争の経過については R. Zavalloni, *Richard de Mediavilla et la controverse sur la pluralité des formes*, 1951. 参照。

(17)　Avicenna, Opera, Venetiis, 1508. (Reprint, 1967)

(18)　原文は註⑾に挙げた R. de Vaux の著書に収められている。

(19)　この経緯については A. Goichon, *La philosophie d'Avicenne et son influence en Europe médiévale*, 2 ed. 1952, pp. 103 ~ 116.

(20)　F. Rafmann, *Essence and Existence in Avicenna*. (Medieval and Renaissance Studies, vol. IV, 1958, pp. 3 ~ 15)参照。

(21)　コプルストン　箕輪、柏木訳『中世哲学史』（創文社）昭和四十五年、二四六頁。

(22)　*De universo*, I. 1, 17. グイレルムスのテキストは *Opera omnia*. 2 vols, Parisiis, 1674. (reprint, 1963)

(23)　コプルストン前掲訳書同頁。

(24)　Aegidius Romanus, *Quaestiones disputatae de esse et essentia*, Venetiis, 1503, q. 13. fol. 33ra–35vb. (reprint, 1969)

(25)　Avicenna, *Philosophia prima*, VIII, 7. (Opera, Venetiis, 1508.); A. Goichon, *op. cit*., pp. 34 ~ 35.

(26)　A. Graiff, Siger de Brabant, *Questions sur la métaphysique*, 1948, p. 16.

(27)　E. Gilson, *Avicenna et la point de départ de Duns Scot*. (Archives d'histoire doctrinale et littéraire de moyen âge, II, 1927); E. Gilson, *L'être et l'essence*. 1948, ch. IV; E. Gilson, *Jean Duns Scot*, 1952. 参照。

(28) Duns Scotus, *Opus oxoniense*. I, 4, 43; P. Minges, *J. Duns Scoti doctrina philosophica et theologica*, 1930, vol. II, p. 572.

(29) *Errores philosophorum. Critical Text with Notes and Introduction*. ed. J. Koch. 1944.

(30) 江藤太郎教授「Siger de Brabant の新しい De anima 注釈の発見について」(中世思想研究、第一号、一九五八年)、「再びある De anima 注釈の著者について」(中世思想研究、第十一号、一九六九年)参照。

(31) 禁令の全文は P. Mandonnet, *Siger de Brabant*, vol. II に載せられている。

(32) *De summo bono sive de vita philosophi*. テキストは M. Grabmann, *Mittelalterliches Geistesleben* II, 1936, S. 209 ~ 216 に見られる。

参考文献

Afnan, S. M., *Avicenna, His Life and Works*, London, 1958.

d' Alverny, M. Th., *Deux traductions latines du Coran au moyen âge* (Archives d'histoire doctrinale et littéraire du moyen âge. XVI (1947 ~ 48), 69 ~ 131.

Avicenna nella storia della cultura medioevale (Problemi attuali di scienza e di cultura, No. 40) 1957.

Daniel, N., *Islam and the West*, Edinburgh, 1960.

Forest, A., Steenberghen, F. van, Gandillac, M. de, *Le mouvement doctrinale du XIe au XIVe siècle* (Histoire de l'églisé depuis les origines jusqu'a nos jours, 13), Paris, 1956.

Goichon. A., *La philosophie d'Avicenne et son influence en Europe médiévale*, Paris, 1951.
Grabmann, M., *Mittelalterliches Geistesleben*, II, München, 1936.
Malvezzi, A., *L'Islamismo e la cultura Europea*, 1956.
Monnert de Villard, U., *Lo studio dell'Islam in Europa nel XII e nel XIII secole*, Città del Vaticano, 1944.
(reprint, 1961)
Quadri, G., *La philosophie arabe dans l'europe médiévale des origines a Averroès*, Paris, 1960.
Sharif, M. (ed.), *A History of Muslim Philosophy*, II, Wiesbaden, 1966.
Southern, R. W., *Western Views of Islam in the Middle Ages*, Cambridge, Massachusetts, 1962.
Steenberghen, F. van, *Aristotle in the West*, Louvain, 1955.
Steenberghen, F. van, *La philosophie au XIIIe siècle*, Louvain, 1966.
Sweetman, J. W., *Islam and Christian Theology*, Part II, vol. II, London, 1967.
Vaux, R. de, *Notes et textes sur l'Avicennisme latin aux confins des XIIe ~ XIIIe siècles*, Paris, 1934.
E・ジルソン　渡辺秀訳「中世哲学史」エンデルレ書店、昭和二十四年
F・ステーンベルヘン　青木靖三訳「十三世紀革命」みすず書房、昭和四十三年
H・コルバン　黒田・柏木訳「イスラーム哲学史」岩波書店、昭和四十九年
井筒俊彦訳「コーラン」岩波文庫、（上中下）、岩波書店

Ⅳ　アヴェロエス主義とその西欧への影響

一

イブン・ロシュドすなわちアヴェロエス（一一二六―一一九八）の著作は十三世紀にラテン訳され西欧の学者に知られるようになったが、その影響は大きく、中世を越えて近世にまで及んでいる。しかし中世西欧に対して貢献のあったもう一人のアラビアの哲学者アヴィチェンナとは影響の仕方が異なっている。アヴィチェンナが表立った抵抗を受けずに、いってみればすべり込むように西欧の学者たちの思索に深く浸透したのに対して、アヴェロエスの方は思想史の表面にあらわれ、攻撃の矢面に立つことになった。アヴェロエスは中世において註釈家（Commentator）と呼ばれたことでもわかるように、西欧の学者のアリストテレス理解に貢献するところがあったけれども、通常アヴェロエス主義として論議の対象になるのはアリストテレス註釈家としてのこの積極面ではない。

まず中世西欧への影響という点からみて必要なかぎりでアヴェロエスの説を要約しておこう。彼の哲学的著作の大半がアリストテレスの註釈という形で書かれ、中世西欧において「註釈家」と書かれていれば彼を指したことにもあらわれているように、アヴェロエスはアリストテレスの学説を最高の真理として賛美し、イスラム世界における二つの立場に対してアリストテレスを擁護した。すなわち一方でアルファラビやアヴィチェンナに対しては宗教の教義とアリストテレスを混合してアリストテレスの哲学を歪めたことを非難するとともに、他方アルガゼルのごとく哲学を宗教の敵とするイスラム神学者を攻撃する。そして哲学とイスラム神学の関係については、種々の立場があって議論が絶えず、このことは宗教のためにも哲学のためにも危険なことだとして、両者の関係をはっきりさせている。人間精神には三つの段階があり、それに応じて『コーラン』（クルアーン）理解の仕方も異なる。第一は必然的論証によって知識を得ようとする段階で、哲学がこれに当り、絶対的真理を提供する。第二は蓋然的推論によって蓋然的真理を与える段階で、神学がこれに当る。第三は情念に訴える雄弁に満足するもので、これが普通の宗教的信仰である。こうして『コーラン』という一つの真理の認識に三つの段階が設けられ、各々の段階はそれぞれの仕方で『コーラン』を理解するが、しかしそれぞれ自らの領域を越えてはならない。三つの段階を混同することは異端のもとになる。そして哲学は必然的真理を与えるものである以上、神学の上に置かれる。しかし神学と哲学から相反する結論が出てくるのではなく、同じ一つの真理を哲学が明白に必然性をもって示すのに対して、神学は蓋然的にあらわすのである。

ところでアヴェロエスのアリストテレス解釈は新プラトン主義の影響を受けている。たとえば世界は一者から永遠的に生じたが、しかし一者から発出するのは第一の純粋精神実体のみで、そこからさらに第二の純粋精神実体が発出するというふうにして、質料的世界は中間的存在を通じて流出した。つまり我々の住む有形的世界は直接絶対者から生じたのではない。そしてこのようにして永遠的に発出した世界は永遠的に存続する。アヴェロエスはまた知性単一論を主張し、全人間に能動知性は一つしかなく、人間の思惟はこの一つの知性が人間の中で行なう働きだと考える。その結果、不滅なのはこの一つの能動知性のみで、個人の不死はあり得ないとする。以上が西欧において問題となるアヴェロエスの説である。

二

アヴェロエスが当時の学問の中心地パリで読まれるようになるのは一二三〇年頃からである。アリストテレスの著作は度々の禁令にもかかわらず十三世紀中葉にはその「自然学」や「形而上学」もパリ大学教養学部で講義されるようになり、これにともなってアヴェロエスの著作も次第に普及する。アリストテレスとアラビアの哲学は、それまでの西欧にはみられなかった体系性を具えた壮大な形而上学であり、これと伝統的アウグスティヌス主義とが遭遇する結果、十三世紀思想史は摂取と拒否とのからみ合いによる複雑な展開をみせることになる。同時に、アリストテレス及びアラビアの形而上学の異教的性格と体系性とに対決するため、西欧の学者たちは理論的に弁証するという必要性にせまられる。従って異教哲学は方法論的に西欧の学者の体系的総合に対して貢献することになったといえよう。

大雑把にいうと、十三世紀の西欧の学者によるアリストテレスの受容の仕方は三つに分けられ、十三世紀思想史はこの三つの立場の錯綜したからみ合いのうちに展開する。第一はボナヴェントゥーラに代表されるもので、基本的にはアウグスティヌスの立場に立ってアリストテレスに相対する。第二はトマス・アクィナスのごとく、信仰の光の下における独自の思索からアリストテレスの中に意味深い形而上学的原理を見出す立場である。第三は主としてアヴェロエスに従ってアリストテレスを解釈しようとするもので、この立場は史家によってラテン・アヴェロエス主義または異端的アリストテレス主義と呼ばれ、その代表者として挙げられるのがブラバンのシゲルスとダキアのボエチウスである。もちろん第三の立場のみがアリストテレスを理解する際アヴェロエスを利用したわけではなく、たとえばトマス・アクィナスなどはアヴェロエスの著作を座右においていたと思われる。

ブラバンのシゲルスが有名な教授であったことは、エギディウス・レシネンシスの書簡からも明らかであり、すぐれた独創的思想家であったこともまた疑いない。弟子のピエール・デュボアは哲学の最も卓越した博士と呼んで自分の師であったことを感謝し、エギディウス・ロマヌスは晩年、自分がパリで学んでいた頃のすぐれた教授と書いている。またシゲルスの没後二〇年してダンテは『神曲』の中でシゲルスを天国におき、しかもトマス・アクィナスをして賛美させている。このことはダンテ研究家の間で論議の的になってきた。なぜダンテは、禁令を受けたアヴェロエス主義者たるシゲルスを天国におき、しかも反対者たるトマス・アクィナスの口を借りて称賛しているのかというのである。これについて、シゲルスはトマス主義へ転向したという意見もあったが、江藤太郎教授の古写本研究によって転向説は根拠のないことが明らかにされた。(今この問題に立ち入る余裕はないが、転向説が成立しないとすると、ダンテ自身の知識に誤りがあったとするか、あるいはダンテがイスラム思想殊にアヴェロエスの影響を受け、神学と哲学、教会と国家の分離の支持者であったことを考慮して、ダンテは、すぐれた哲学者でありキリスト教徒たるシゲルスに哲学を代表させて天国においたと考えるかのいずれかであろう。)

さてアヴェロエス主義者の著作はつぎに述べる禁令の結果埋没し、前世紀に至るまでシゲルスは忘れられた存在であった。十三世紀思想史の解明には、この異端的な傾向を明らかにすることがぜひとも必要であり、前世紀の研究はこの方向に沿って進められてきた。もちろんシゲルスは一つの独自の体系を残したと考えられるので、アヴェロエス主義との関連からのみ彼の思想を論ずべきではないが、シゲルスの著作の信憑性及び著作年代の問題が解決しないかぎり、ラテン・アヴェロエス主義の真相を十分に究明できないことは確かである。

そこでアヴェロエス主義の反対者つまり神学者の側からの批判に目を向けよう。アヴェロエス主義というものが特に問題となるのは一二六〇年代の中頃からである。まずボナヴェントゥーラは一二六六年世界の永遠性、知性単一説、霊魂不滅の否定などの誤りを指摘し、一二六八年には無からの創造の否定、純粋精神実体に創造力を認める説等を批判する。さらに一二七〇年になるとトマス・アクィナスが知性単一説に反対する論文を書き、エギディウス・ロマヌスは「哲学者の誤謬」でアリストテレス、アヴィチェンナ、アヴェロエス等異教哲学者の誤りを指摘した。同年パリ司教エチエンヌ・タンピエは世界の永遠性、知性単一説、個人の不死の否定、地上の出来事の必然的生起、神の摂理の否定等十三箇条に対し禁令を発した。この十三項目がすべて同一人の説かどうか問題であるが、シゲルスは禁令後、知性の問題にかんして反駁の書を著わしている。しかしその後もエギディウス・ロマヌス、ボナヴェントゥーラによる批判が続き、中世思想史上有名な一二七七年の禁令になる。二一九条から成るこの禁令は、その背後にトマス主義とアウグスティヌス主義の対立ということもあるので、ラテン・アヴェロエス主義に対してのみ発せられたというわけにはいかない。

以上、神学者側からの批判にみられるアヴェロエス的学説は明らかにキリスト教の教義と抵触するが、アヴェロエス主義者自身はキリスト教徒として啓示の真理性や信仰を否定するわけではない。しかし神学者の側からすれば、これでは二つの真理を認めることになる。禁令には矛盾する二つの真理（duae veritates contrariae）という言葉がみえ、あたかも相反する二つの真理があるかのように彼らは哲学者（アリストテレス）によれば真でカトリックの信仰によれば真ではないという、と書かれている。一方アヴェロエス主義者の方は、自分たちが互いに相反する二つの真理を教えていると公言したわけではない。彼らは、信仰に反すると批判されると、アリストテレスがそういうっている、自分たちは主張しているのではなくアリストテレスの言葉を伝えているだけだと答え、二重真理を説いていると非難されると、自分たちは哲学に携わっているにすぎない、真理よりもむしろ哲学者たちの教えを探究しているのだと答える。ブラバンのシゲルスは、自然を自然的に（naturaliter）探究しているのだと述べている。つまり啓示の真理性を否定するわけではないが、神学や信仰とは無関係に、それとは独立に自然的理性（ratio naturalis）によって哲学に従事するというのがラテン・アヴェロエス主義者の基本的態度だと言えよう。だから彼らは、信仰が絶対的真理を教え、その教えは信じなければならないと言い、たとえ哲学が信仰に反する結果に達しても、それは自然的方法による自然理性の探究の結果にすぎず、自然的理性は誤ることもある以上、それは蓋然的真理を与えるにすぎないと主張する。こうした考え方の背後には、神学と哲学にかんするアヴェロエス自身の主張が作用していると思われる。さらにダキアのボエチウスは哲学を神学から、理性を信仰から独立させた上、哲学の営みよりもすぐれたものはなく、哲学者のみが賢者だというアリストテレス的幸福論を唱えた。こうしたことは神学者の側からみると、たとえ絶対的真理と蓋然的真理の区別を設けるにしても、結局一つは信仰にとって正しく、一つは哲学にとって正しいというのでは、二つの真理を教えることになり、しかも超自然や信仰と切り離して自然的理性によって自然を探究することを強調するとなると、時に理性を信仰の上に置くことにもなりかねないし、ひいては信仰の軽視に連なるものともうつるわけである。だからラテン・アヴェロエス主義という名称を用いるにせよ、異端的アリストテレス主義と呼ぶにせよ、とにかくアヴェロエスの影響を受け、信仰や神学と無関係に自然を探究すると云う教養学部の教授たちと、一般に哲学に対して積極的姿勢を示した学者たちが一二七七年の禁令の対象になったのである。

三

ところでこの禁令は一つの到達点であると同時に出発点であると言われるが、ラテン・アヴェロエス主義の思想史的意義は、その基本的態度の画期的でラディカルなこと、これに対するリアクションの大きかったことにあると考えられる。

ではアヴェロエス主義によって思想史の上でどのような変化が起こり、どういう影響があらわれたのか、禁令はどのような意味で到達点であり出発点であるのか。第一に到達点であるというのは、ラテン・アヴェロエス主義及びこれに対する禁令によって中世思想の一つの時代、つまり黄金時代が終りに近づくということである。この時まで神学と哲学、信仰と理性の関係は、信仰が理性に光を投げかけ、理性が啓示内容をよりよく理解させることによって、哲学は神学に理論的基礎を与えつつ、両者は一つの神学的総合を構成するということであった。神学的総合を企てる学者たちは信仰の光の下に真理を目指して思索し、異教哲学の中にもきわめて意義深い形而上学的原理を読み取ったのである。ところがアヴェロエス主義者にあっては、信仰と理性、神学と哲学ははっきり分離し、超自然や啓示と無関係に自然理性によって哲学を営むという、いわば哲学の絶対的自律性が求められ、しかも理性は時として信仰内容と矛盾する結論に到達する。こうなると、たとえ哲学が提出する結論に蓋然性という留保がつけられるにしても、哲学というものに対して危惧の念をよび起こすことになる。

理性が疑いの目で見られ、哲学に対して警戒心が持たれるところでは、神学と哲学が区別されながらも一つの神学的総合を構成することは不可能であろう。もちろん、たとえばトマス主義において哲学はいわば相対的自律性を認められており、哲学は自律的部分として神学と総合されたのであるが、しかしアヴェロエス主義におけるごとく哲学の絶対的独立が説かれたわけではなかった。中世思想の最も魅力ある独創性がこの総合にあるとすれば、アヴェロエス主義はまさに黄金時代、少なくとも一つの時代を終らせる契機になったと言ってよいであろう。到達点とはこういう意味である。

それでは出発点というのはどういうことか。すでに述べたごとく、アヴェロエス主義は哲学を超自然や信仰と無関係に自然を自然として探究するものと考える。このような哲学の絶対的自律性への要求、これは、近代へと通ずる中世後期の精神にほかならない。自然を越える一切のものを理性の探究の領域から排除し、自然を自然として扱うというアヴェロエス主義者の態度は、十四世紀なかんずくオッカム主義の基本的姿勢である。ここでは超自然と自然、信仰と理性ははっきり区別され、哲学は正統思想や神学から独立し、かつて哲学的に探究された事柄がもはや理性による思索の対象とはならず、なったとしても蓋然的な論証の対象となるにすぎない。その結果経験的に直接明証なもののみが学問上の真理とされる。そして信仰と矛盾する場合には、しばしば二重真理の原理が利用されたのである。従ってラテン・アヴェロエス主義は方法論的には中世末期の自然主義的経験主義の生まれる要因となり、内容的にはその決定論的性格が一方では占星術を生むとともに、他方では世界像の機械論化という新しい自然学の誕生に対する契機になったと言えよう。出発点とはこういう意味である。

四

アヴェロエス主義は右に述べたごとく哲学の自律という全く新しい画期的態度によって中世後期の精神を準備し、禁令を受けたにもかかわらず、十四世紀前半パリとボローニアで、ついでパドヴァにおいて近世に至るまで存続する。そしてアヴェロエス主義の基本的姿勢からすれば当然オッカム主義のごとき革新的学派に発展することが予想されるであろう。ところが実際にはそうはならず、その後のアヴェロエス主義は後向きの姿勢を示している。このことはオッカム主義と比較する時に明らかである。二重真理の原理はオッカム主義者もアヴェロエス主義者もともに用いたし、両者とも自然理性（ratio naturalis）ということを強調したけれども、その意味するところは著しく異なっている。

十四世紀にパリ大学教養学部は新任の講師に、神学と哲学とが相反する結論に達するような問題については正統的な見解を擁護し、反対の立場を論駁することを宣言させている。だから、たとえばオッカム主義の自然学者ジャン・ビュリダンは自然理性の営みにより正統思想に反する結論に達する場合、二重真理の原理に訴える。ビュリダンは無からの創造について論ずる際、これは信仰によってのみ確実であり証明はできない、自然において生起するものはこれに先行するものからのみ生ずる以上、自然的には（naturaliter）無からの創造は不可能であると述べているが、しかしキリスト教の世界観は端的に（categorice）真であるのに対し、自然理性による自然学者の世界像は蓋然的に（hypothetice）真理を示すにすぎないと付け加えて、形式的に両者を調和させている。つまり近代力学の種々の考えを先取したオッカム主義の自然学者たちのいう自然理性とは、アリストテレスからも正統信仰からも独立に自然を探究する彼ら自身の理性を意味している。

ところが同じように哲学の絶対的自律を唱えるアヴェロエス主義者のいう自然理性とは実はアリストテレスの理性であり、アヴェロエスの理性なのである。だから彼らが二重真理の原理に訴える時でもそれは大方彼らの擁護するアヴェロエス的学説が正統信仰に反する場合なのであって、彼ら自身の自然理性による自然探究の結果ではない。この点がオッカム主義と根本的に異なるところである。たとえばトマス・ウィルトンは、最もすぐれた哲学者たち（アリストテレスとアヴェロエス）の言ったことの反対が自然理性によって証明できるとは思えないと述べている。十四世紀初頭のパリにおける代表的アヴェロエス主義者として史家が挙げるのを常とするジャン・ド・ジャンダンとパドヴァのマルシリウスのうち、後者をアヴェロエス主義者とすべきかどうかについては検討を要するにしても、ジャン・ド・ジャンダンには明らかにアヴェロエス主義的言辞がみられる。彼はアリストテレスとアヴェロエスを自然理性の代表者、自然理性の最高の実現と考え、ちょうど猿が人間を真似るように、自分たちはアリストテレスとアヴェロエスを不完全に模倣すると言っている。

十四世紀前半のボローニア、その後のパドヴァにおけるアヴェロエス主義の中心問題は、知性単一性と霊魂不滅の問題であり、アヴェロエスの真の説はどういうものであったかということである。そして信仰に反するアヴェロエス的説を論ずる時、彼らはよく自分たちは擁護し主張しているのではなく、報告し伝えているにすぎない（non asserendo, sed solum recitando）と付け加える。十四世紀のはじめボローニアで教えたパルマのタッデオはアヴェロエス的知性論を述べた後、自分は伝えているにすぎないとことわった上、最後に真理はキリスト教の教義だと補足する。また同じくボローニアで教えたグビオのマテウスにしてもアヴェロエスの説を詳細に論証しながらも、すぐ後でこれは信仰に反するが故に誤りだと簡単に付け加えている。要するに彼らは正統信仰に反する説を唱え、二重真理の原理に逃げ道を求めたといっても、オッカム主義のごとく自然理性の独自の営みによる自然探究の結果ではない。

ドゥンス・スコトゥスに呪うべきアヴェロエス主義者とののしられ、ペトラルカからキリストとカトリックの宗教に反して吠える犬と呼ばれながらも、アヴェロエス主義はパドヴァで生き続ける。すでに古びてしまったアリストテレス的自然像に固執し、頑固に自説を守り通しつつ十七世紀に至り、同僚ガリレオの地動説に執拗に反対するパドヴァの教授クレモニーニの時代まで存続した。

当初ラディカルな態度をもって西欧思想史の舞台に登場したアヴェロエス主義は、こうしてきわめて固陋な保守主義として消えて行く。

参考文献

江藤太郎教授「Sigerus de Brabantia の新しい De Anima 註釈の発見について」(中世思想研究、第一号、昭和三十三年、所収)。
江藤太郎教授「シゲルスの自然学書註解の真偽問題」(中世思想研究、第三号、昭和三十五年、所収)。
Gilson. E. History of Christian Philosophy in the Middle Age. 1955.
Grabmann. M. Mittelalterliches Geistesleben. Bd. II. 1936.

Maier, A. Vorläufer Galileis im 14. Jahrhundert. 1949.
Maier, A. Metaphysische Hintergründe der spätscholastischen Naturphilosophie. 1955.
Steenberghen, F. van, Aristotle in the West. 1955.
Forest/Steenberghen/Gandillac. Le mouvement doctrinale du XIe au XIVe siècle. 1956.
Steenberghen, F. van, The Philosophical Movement in Thirteenth Century. 1955.

V　スペインにおけるアラビア語文献の翻訳と十二世紀の西欧

一

十二世紀のスペインにおいて、アラビア語の学術書およびギリシア語文献のアラビア語訳書が数多くラテン語に翻訳され、後代の西欧に大きな影響を与えたことはよく知られている。一般に、翻訳の行なわれたのはトレドであったと言われてきた。一一四〇年代のはじめにトレド司教ライムンドゥスによって翻訳のセンターが設立され、ドミニクス・グンディサリヌスがその管理を委ねられた。トレドは一〇八五年アルフォンソ六世によってキリスト教側の手に帰したが、アラビア語とロマンス語の二言語併用のこの町には、アラビア語の書物が保存されていた。翻訳者たちにアラビア語を母語とする協力者がついていることが多く、グンディサリヌスにはアヴェンダウトとファンとが、また世紀の後半、数十点にのぼるラテン訳を行なったクレモナのヘラルド（ゲラルドゥス）にはガリプスという名のモサラベ（アラブ化したという意味、ムスリム支配下で生活するキリスト教徒）が協力している。翻訳はつねに直接ラテン語に訳されるとはかぎらず、ときにはまずカスティリア語に訳し、それをさらにラテン語に移すという過程を経る場合もあった。

翻訳はしかしトレドでのみ行なわれたのではなく、しかもトレドにおけるより早くから他の場所で行なわれていた(1)。ティヴォリのプラトンが翻訳活動を行なったのは、一一三五年から四五年にかけてバルセロナにおいてである。一一三八年から四三年頃スペイン北部とフランス南部で活躍したカリンティアのヘルマンは、『存在の原理』を一一四三年南フランスの地中海岸ベジエールで書き、プトレマイオスの『球面平画法 Planisphere』の翻訳を完成したのは、同じ年トゥールーズであった。ケットン（チェスター）のロバートは、ナバラ地方のパンプローナで助祭、トゥデーラで参事会員（一一五七年まで）、司教を勤めたが、在任中スペインとイギリスを旅行している。サンタラのフーゴーが、アラビア語文献の蒐集に熱心なタラソナ司教ミカエルのもとで翻訳にあたったのは、一一二〇年から五〇年頃のことである。ケットンのロバートとカリンティアのヘルマンはエブロ川付近で、プトレマイオスの『アルマゲスト』を理解するため天文学の勉強をしていた。一一四一年ないし二年レオン・カスティリア王アルフォンソ七世の招きで、イベリア半島を訪れたクリュニー修道院長ペトルス・ヴェネラビリスが二人に出会ったのはこのときで、ペトルスはイスラム文献の翻訳についで相談したと思われる。ロバートとヘルマンはやむなく天文学の研究を中断して翻訳にあたった。その結果、ロバート訳の『コーラン』（クルアーン）『サラセン人の物語』、ヘルマン訳の『ムハンマド（マホメット）の系譜』『ムハンマドの教義』などを含む「トレド・コレクション」と呼ばれるイスラム文献のラテン訳が生まれ、以後イスラムおよびムハンマドにかんする資料となると同時に、中世ラテン人に誤ったイスラム像をいだかせる一因にもなった。(2)

二

スペインにおける翻訳活動については不明の点が多く、訳者未詳のものもかなりあって、今後の研究に俟たねばならないが、十二世紀前半の主な訳者と翻訳書を左にあげる。(3)

ティボリのプラトン　プトレマイオス『テトラビブロス』　アルキメデス『円の測定』　バッターニー『星の運動』

セヴィリャのファン　プトレマイオス『ケントロキウム（百語録）』　アブー・マアーシャル『天文学序説』（抜萃）　ファルガーニー『天文学原論』　キンディー『知性論』

ケットンのロバート　バッターニー『星の運動』　フワーリズミー『代数学』　キンディー『占星術』　サール・イブン・ビシュル『占星術』

カリンティアのヘルマン　プトレマイオス『球面半画法』　アブー・マアシャル『天文

学序説』　ユークリッド『原論』
サンタラのフーゴー　プトレマイオス『ケントロキウム』　伝チュアナのアポロニオス『自然の神秘』　著者未詳の『ヘルメス神の神秘の書』　それに『三人の占星術師の書』

この表から明らかなように、大半が自然学書で、ラテン文化圏の学者がどういう面に関心をいだいたかがうかがわれる。プトレマイオス『ケントロキウム』とバッターニーの『星の運動』などは二種の訳があったわけで、おそらく別々に行なわれたのであろう。ロバートとヘルマンはプトレマイオス『アルマゲスト』の翻訳を準備したが、全訳されたか否かは明らかでなく、写本は確認されていない。

当時の天文学は占星術 astrologia を含み、プトレマイオス『アルマゲスト』と『テトラビブロス』はアラビア語文化圏において、天文学の権威書であった。西欧では『ラテン・アスクレピウス』(4) やフィルミクス・マテルヌスの『マテシス』(四世紀) など、プトレマイオスと共通の宇宙像を示すヘルメス文書が十二世紀に知られていた。プトレマイオスの宇宙像では、星辰界は善、叡知、秩序を具現した神的世界で、その秩序は現象界における摂理とその支配者を示している。したがって星辰界を究めることは、われわれに神的世界を知らしめるのであり、大宇宙に倣うことが小宇宙たる人間のあるべき生き方である。大宇宙と小宇宙との照応関係は、ヘルメス主義の文献と共通する。

三

当時スペインには多数のアラビア語占星術書とヘルメス主義の文献があったが、ラテン訳されたのは、『三人の占星術師の書 Liber trium judicum』（一一五一年以前）『ものの六原理 De vi principiis rerum』（一一三五〜四七年頃）『ヘルメス神の神秘の書 Liber de secretis Hermetis Trismegistis』などである。『三人の占星術師の書』[5]はキンディー、ウマル・イブン・アル・ファルハーン・アル・タバリー、サール・イブン・ビシュルの三人の占星術書から抜萃して一巻としたもので、大半はサンタラのフーゴーが訳したが、サール・イブン・ビシュルの少なくとも一巻はカリンティアのヘルマンが訳したらしい。キンディーの本の一部はケットンのロバート訳があるが、この訳が使われたかどうかは定かでない。『ものの六原理』にもサール・イブン・ビシュルは引用されている。いずれにせよ、スペイン北部で活動したフーゴー、ロバート、ヘルマンの三者のあいだには何らかの交流があったらしい。

フーゴーは『三人の占星術師の書』の序文で、アラビア人による占星術書はきわめて多いので、ミカエル司教の要請で適宜選択してラテン語に訳したとその動機を記し、つぎのように述べている。占星術による判断は耳なれず、受け容れられるかどうか疑わしい。判断は黄道における遊星の位置にもとづいて行なわれるが、これは地上の出来事が天体の運動に支配されていることを前提する。天文学は数学の最終階梯に位置する精妙な学問で、これを悪く言う者は、学芸として認めないか、人間の感覚で捉えられないと考えているかのいずれかであるが、それはプラトンやアリストテレスが誇りとした哲学を消してしまうに等しい(6)。この序文は、当時翻訳にあたった者が天文学をどう見ていたかをよく示している。

四

カリンティアのヘルマンは本稿の主題からみて、重要な人物である。彼は翻訳にあたったのみでなく、その著作においてラテン文化圏の学問とアラビアの新しい自然学とを彼なりに総合した。シャルトルのテオデリクスを師と呼んでいるが、事実ヘルマンの著作はシャルトル派の知的風土を反映している。しかしヘルマンの経歴で明らかなのは、一一三八年から四三年に至る時期にすぎない。主な著作に『存在の原理 De essentiis』（一一四三年）、アラビアの占星術書の抜萃『隠れたものについて』、天候にかんする予言を扱った『暴風雨』、訳書にはユークリッド『原論』プトレマイオス『球面平画法』アブー・マアーシャル『天文学序説』のほか、サール・イブン・ビシュル『予知』（一一三八年）などがある。ユークリッドの訳は、バースのアデラード訳を改訂したものらしい。

ヘルマンは『予知』の序文でこう述べている。世界の創造者につぐ第二の支配者は太陽で、天球を導くように下位のあらゆる出来事について決定力をもっている。したがってまず太陽の運動によって、つぎに他の遊星の運動によって地球の変化を計らねばならない。地球上の各部分は星辰の力に影響されると。[7] このような規則正しい運動をする天体の観察によって未来の出来事を予知できることになるが、天体の研究はそれにとどまらない。『球面平画法』の訳者序文によると、天体の研究を通じて次第に自然を理解し、やがては自然のもたらす不幸、災に屈することから解放される。ヘルマンには自然研究が人間の不幸を軽くするとの信念があったかにみえる。

このような自然学をヘルマンは主著『存在の原理』[8]で展開し、天文学とキリスト教が両立することを示している。この本で使われるラテン文化圏の資料は、当時西欧で普及していたプラトン『ティマイオス』、カルキディウスの註釈、『ラテン・アスクレピウス』など、アラビア語資料はプトレマイオス、ユークリッド、バッターニー、アブー・マアーシャルなど多数で、両者を総合する体系をたてたのは、おそらくヘルマンが最初であろう。

宇宙は二つの世界に分けられ、第一は第一原因たる神によって直接創造された永続不変の第一の被造物 mundanum corpus で、これについては第一巻で扱われる。第二巻は第二の生成を論ずる。神により第一の被造物を第二原因としてつくられる第二の被造物は不滅でなく、mundana proles と呼ばれ、第一原因に規制される。なお、この書の表題に使われる essentia という語の意味であるが、複数形は種々の意味をもつものの、おおむね原理を表わし、単数形は substantia と対を成して、第一の不変の宇宙と理性的生命の質料を指す。一方、substantia は変化する世界の質料を意味する。

要するに天体の世界は秩序と理性をそなえていて、その理法は人間理性によって解明しうるという考え方にもとづく、新たな自然学的世界像を提示している。ヘルマンはプトレマイオス『球面平画法』の訳書をシャルトルのテオデリクスに捧げ、その序文でユークリッド、プトレマイオス、バッターニーなどの著作をあげて、右のような世界像を教えるカリキュラムを勧めている。しかしテオデリクスに影響したか否かは定かでない。また一一四五年ないし四八年の作と思われるベルナルドゥス・シルヴェストリス『宇宙形状誌』(9)には、ヘルメス思想が見られ、アブ・マアーシャルやヘルマンの著作を知っていたのではないかということが考えられ、『Experimentarius』をヘルマンと共作した可能性も考えられるが、ヘルメス主義についてはベルナルドゥスが『ラテン・アスクレピウス』やフィルミクス・マテルヌスを手にしていたと考えられるし、ベルナルドゥスの生涯がほとんど不明である以上、いずれも推測の域を出ない[10]。とにかくヘルマンの画期的著作が、フランスを中心とする西欧北部で生かされたという確証はいまのところ見当たらない。

一一五九年に刊行された『メタロギコン』で、ソールズベリのヨハネスが幾何学について、イベリア半島やアフリカでは広く行なわれているが、われわれのところではほとんど知られていない、彼らは幾何学を天文学に利用している[11]、と記しているのをみると、十二世紀前半のラテン文化圏では、数学も新しい自然学もまだ普及していなかったことになろう。

五

本稿の主題と関連するもう一人の人物は、十二世紀後半になるが、イギリス人モーリーのダニエルである。彼はパリに留学したが、失望してトレドに赴き、クレモナのヘラルドの講筵に列した。『Liber de naturis inferiorum et superiorum 天球の世界と地上の世界または Philosophia』[12]と呼ばれる著作を遺している。この著作で利用されたラテン文化圏の資料はカルキディウス、バースのアデラード、コンシュのグイレルムス、『ラテン・アスクレピウス』などである。アラビア語文化圏の資料からの引用は十数点あり、アリストテレス、プトレマイオス、ヒッポクラテス、ファルガーニー、アブー・マアーシャルのほか『Liber triplicis mundi』『Liber eternorum』などのヘルメス文書である。ダニエルはアラビア語原典を使用したのではないが、カリンティアのヘルマンの著作と翻訳に依ったか否かは確認できない[13]。

いくつかの留意すべき点をあげると、第一に世界創造における質料の問題があり、カルキディウスの説を批判している。世界は混沌からつくられたとして、混沌を原質料と呼ぶ人々がいる。カルキディウスはプラトンを不用意に註釈し、原質料を秩序を欠く質料として、世界は秩序なき状態から秩序へ移行すると考えた。だが、創造者が前もって世界を秩序なきものとして創造し、ついで秩序を与えたとなれば、自ら行なったことを修正し変更したことになるが、不変の創造者の意志が時間の経過とともに変化したというのは狂気の沙汰であると。十二世紀には、六日間の世界創造について、原質料はまったく形相を欠くわけではなく「混沌の形相」をもっていて、六日間のあいだに「配置の形相」によって形成されてゆくという考え方がみられる。そこで、ダニエルがカルキディウスを攻撃したのは、シャルトル派の説がトレドの学者たちに批判されたことを意味するのではないかと推測する研究者もいる(14)。ダニエル自身は、原質料が秩序づけられた元素を可能的に含むという解決案を提示し、薪はそれ自身の中に可能的に煙を含むというアブー・マアーシャルの比喩で説明した。

第二に、創造者は星辰界と月下世界を無から同時に創造した。星辰界に第五元素、月下世界に四つの元素をあてており、星辰界が四元素より精妙な部分から成るとするラテン文化圏の説を却ける。第三に、星辰の運動の力と効力を否定するのは愚かなことで、天文学は未来の出来事を予知するから、戦争、飢餓、洪水、疫病等の不幸を遠ざけることができる。たとえ完全に避けえないとしても、予見した出来事の方が突然の恐怖よりは耐えやすい。ダニエルの本は小冊子ではあるが、アラビア語文化圏の自然学とラテン文化圏の宇宙論との融合を示している。

ダニエルは友人の勧めで、スペインから多くの本を持ってイギリスに帰ったが、帰国してみると、自由学芸はまったく行なわれず、プラトンもアリストテレスも忘れられていたという。持ち帰ったギリシア、アラビアの学術書は、影響するところはなかったのであろうか。序文でダニエルはパリとトレドの学問について、つぎのように書いている。学問研究のためにパリへ行き、しばらく滞在したが、学校で権威者と目されている人々には無知しか見出さなかった。ラテンの哲学者は無益な労力を費している。当時アラビアの学問は四学科（算術、幾何、天文学、音楽）から成り、トレドが有名だったので、ラテンの哲学者と同じ誤りにおちいらないよう、聖書を解き明かしてくれる学問を求めてかの地に赴き、クレモナのヘラルドの講義を聴講した。そこでは世界の創造を論ずるに異教の学者を証人にたて、異教の知見を借りる。天体の世界について、アラビア人の凌駕しがたい理性に耳を傾けるべきで、或る点では危険でも、その知見は少なからず有益である。

ダニエルは自分が新しいアラビアの学問を紹介するのだという自負の念があったのか、彼自身負うところが大きいラテンの学者をことさら軽蔑しているので、割引して受けとらねばならないかと思われる。ともあれパリに滞在した時期が推定により一一七〇年頃であったとすると、この頃もまだアラビアの自然学はほとんど移入されていなかったことになろう。

十二世紀後半のラテンの学問の実状について、スペインの学術についてはなおのこと、不明の部分が多いが、現在のところピレネーより北の西欧において、技術的な領域は別として理論学にかんするかぎり、アラビアの学術が大きな影響を及ぼしたという確証はないように思われる。十二世紀ルネサンスがとりわけ世紀前半のフランスにおける知的風土を指すとすれば、アラビアの自然学が何か新たな知見を与えたとしても、世界や人間の観方に革新的な変化をもたらしたとは言えないであろう。

注

（1）Burnett, Ch. A Group of Arabic-Latin Translators Working in Northern Spain in the Mid-12th Century, in: *Journal of the Royal Asiatic Society of Great Britains and Ireland*, 1977 (1), 62 ~ 108.

Burnett, Ch. Arabic into Latin in Twelfth Century Spain: the Work of Hermann of Carinthia, in: *Mittellateinisches Jahrbuch* 13 (1978), 100 ~ 134.
Burnett Ch. (ed.), Hermann of Carinthia, De essentiis, 1982.
Maurach, G. Daniel von Morley 〈Philosophia〉, in: *Mittellateinisches Jahrbuch* 14 (1979), 204 ~ 255.
Silvestein, Th. Daniel of Morley English Cosmogonist and Student of Arabic Science, in: *Mediaeval Studies* 10 (1948), 179 ~ 196.
Stock, B. Myth and Science in the Twelfth Century: A Study of Bernard Silvester, 1972.
Kritzeck, J. Peter the Venerable and Islam, 1964.
伊藤俊太郎「十二世紀ルネサンスと西ヨーロッパ文明」岩波講座、世界の歴史10　中世、一九七〇年、一五一～一八三頁。

（2）Kritzeck, J. Peter…参照。
（3）伊藤俊太郎氏前掲書一七八～一八一頁にラテン訳一覧表が載っている。
（4）原本はギリシア語で、ラテン訳がこの名で呼ばれる。
（5）Burnett, Ch. Arabic…69 ~ 70.
（6）Ibid., 67.
（7）Ibid., 116.
（8）テキストは Burnett, Ch. Herman….

（9）Dronk P.（ed.）, Bernardus Silvestris Cosmographia, 1978.
拙著『中世の春——十二世紀ルネサンス』創文社、昭和五十一年、七七〜一一三頁。
（10）Stock, B. Myth…13.
（11）Joannes Saresberiensis, Metalogicon IV, c. 6, ed. C. Webb, 1929, 171.
（12）テキストは Maurach, G. Daniel…古写本にしたがって表題として、Philosophia を採用している。
（13）Silvestein, Th. Daniel…196; Stock, B. Myth…263.
（14）Stock, B. Myth…265.

跋

西欧十二、十三世紀にかんする論攷二篇と、アラビア語文献の翻訳と西欧への影響をめぐる三篇とをもって一書を編んだ。十一世紀を扱った前著『古典残照――オウィディウスと中世ラテン詩』と合わせて、中世盛期（十一、十二、十三世紀）の精神史で、この三世紀がそれぞれ精神世界をかなり異にする点を浮彫にした。

初出一覧

Ⅰ、Ⅱは今回書きおろし
Ⅲ、Ⅳ、Ⅴの初出は左記の通り
Ⅲ『ヨーロッパキリスト教史』第三巻（中央出版社　昭和四十六年）
Ⅳ『歴史教育』14巻7号（日本書院　昭和四十一年）
Ⅴ『宗教と文化』11号（聖心女子大学キリスト教文化研究所　一九八五年）

＊　＊

すべてが計算的思考、情報と速さで動いている現代社会、しばし歩みをとめて省みることも許されない。

学術出版社がつぎつぎと姿を消してゆくなか、牢乎たる決意をもって人文学の孤塁を守る知泉書館社主小山光夫氏に敬意を表わし、感謝の念を深くする。
前著につづき、今回もお世話になった編集部高野文子様に厚く御礼申し上げます。

二〇一四年季秋

著　者

柏木　英彦（かしわぎ・ひでひこ）

1934年生。慶應義塾大学大学院文学研究科博士課程満期退学。慶應義塾大学，山口大学（国立），金沢大学（国立）に勤務。現在金沢大学名誉教授。文学博士（慶應義塾大学）
〔著訳書〕『古典残照―オウィディウスと中世ラテン詩』（知泉書館），『中世の春―十二世紀ルネサンス』（創文社），『アベラール―言語と思惟』（創文社），ワット「イスラーム・スペイン史」（岩波書店），コルバン「イスラーム哲学史」（岩波書店），コプルストン「中世哲学史」（創文社）

〔ラテン中世の精神風景〕　ISBN978-4-86285-195-6

2014年 9 月 15 日　第 1 刷印刷
2014年 9 月 20 日　第 1 刷発行

著　者　柏　木　英　彦
発行者　小　山　光　夫
印刷者　藤　原　愛　子

発行所　〒113-0033 東京都文京区本郷1-13-2　電話03(3814)6161 振替00120-6-117170　http://www.chisen.co.jp　株式会社 知泉書館

Printed in Japan　印刷・製本／藤原印刷